Herausgegeben
und erarbeitet von:
Sabine Utheß

deutsch.kombi plus 7

Arbeitsheft
Rechtschreibung und Grammatik

Ernst Klett Verlag
Stuttgart · Leipzig

Inhalt

RECHTSCHREIBUNG

GRAMMATIK

Ein Fall für Kommissar K.

1 Lies den Text zum ersten Bild so, dass die Wörter dabei in Silben gegliedert werden und man alle Laute genau hört. Male Silbenbögen unter alle Wörter.

„Hilfe", schreit Daniel Ochmann dem Fußgänger oben zu, „meine Freundin ist ins Wasser gesprungen! Hoffentlich lebt sie noch!
Holen Sie einen Rettungswagen!" Der Mann auf der Brücke ruft mit dem Telefon in Windeseile Polizei und Notarzt.

2 Lies den Text zum zweiten Bild. Ergänze die fehlenden Buchstaben.

„Meine Fr___ndin (äu/eu) und ich sind übers Fel___ (d/t) zum Ber___bach (g/k) spaziert. Auf der Brücke sprachen wir ern___t (äu/eu) über eine Trennun___ (g/k). Und da, ich den___e (g/k), ich tr___me (äu/eu), stei___t (g/k) sie auf das Geländer und dro___t (–/h) mir, zu springen. Ehe ich sie festhalten ko___te (n/nn), verlor sie das Gleichgewich___ (d/t) und stür___te (z/tz) hinab. Verpa___t (s/ss), wie schre___lich (k/ck)! Ich spran___ (g/k) augenbli___lich (k/ck) hinterher und ze___te (r/rr) sie ans Ufer. Hoffentlich habe ich es gescha___t (f/ff), sie zu retten! Hoffentlich le___t (b/p) sie noch!"

3 Schreibe die markierten Wörter auf.

deutsch.kombi plus 7, S. 56–58

4 Lies den Text zum dritten und vierten Bild. Verlängere die Wörter oder leite ihre Schreibweise ab, damit du die richtigen Laute hören kannst.

Der Notarzt kümmert sich sofort um die leblose Frau, und Kommissar K. hört sich Ochmanns Bericht an. „Meine Freundin hatte Urlaub und es ging wieder mal ums Geld. Sie hat mir schon öfter mit Selbstmord gedroht.“

leblos → *leben*

Urlaub → ______

Mord → ______

Geld → ______

gedroht → ______

„Sind Sie von hier aus hinterhergesprungen?“, fragt Kommissar K. „Genau, Tatsache“, bestätigt Ochmann. – „Aha. Wissen Sie, eine Sache müssten Sie mir noch erklären. Sonst habe ich ernsthafte Zweifel an der Glaubwürdigkeit Ihrer Aussage, also an Ihrer Unschuld“, sagt Kommissar K.

Tatsache → ______

Glaubwürdigkeit → ______

bestätigt → ______

Unschuld → ______

Was möchte Kommissar K. wissen? Löse für ihn den Fall. Schau dir dazu genau die Bilder an.

5 Ergänze die fehlenden Buchstaben.

b oder **p?** Henkelkor__, Gra__stein, Hu__signal, Pum__station, Schrau__glas, Al__horn

d oder **t?** Fein__schaft, Blin__schleiche, Strei__hammel, wer__los, wel__frem__

g oder **k?** Mer__blatt, Schran__fach, Tal__drüse, Star__strom, Zwer__huhn, Bur__ruine

6 Entscheide durch **Verlängern**, welcher Buchstabe ergänzt werden muss.

jemanden um Ra__ fragen, nach dem gestohlenen Ra__ fragen

ein Motor mit großem Hu__raum, ein Hu__konzert veranstalten

TIPP »» S. 54

Die Wörter **eigentlich**, **hoffentlich** und **wesentlich** werden mit **t** geschrieben.

Wider die Wölfe

1 Der folgende Text enthält mehrere Adjektive mit den Nachsilben **-ig** und **-lich**. Füge diese Nachsilben mit der richtigen Endung ein.

Nach Gerd Prokop

Wider die Wölfe

In letzter Zeit häufen sich die Fälle, da mörder *ische* Wölfe ihr Unwesen treiben. Wohl jedem wird noch das freund__________ kleine Mädchen in Erinnerung sein, das samt seiner bettläger__________ Großmutter von einem gier__________ Wolf verschlungen wurde und nur durch das rechtzeit__________ und mut__________ Eingreifen eines Jägers gerettet werden konnte. – Der plötz__________ Überfall eines Wolfes auf eine Familie Geiß, der sieben Minderjähr__________ angehörten, verursachte kürz__________ weit über die Grenzen unseres Landes hinaus gewalt__________ Aufsehen, obwohl die sieben Geißlein noch in letzter Minute gerettet wurden. Wie viele ähn__________ Verbrechen – und mit weniger glück__________ Ausgang – aber gibt es außerdem? – Unlängst fand ein Bauer in seinem Keller (!) einen Wolf, der sich derart mit frisch geschlachtetem Fleisch güt__________ getan hatte, dass er nicht mehr durch das Kellerfenster passte. Was, so fragen wir, gedenkt man zu tun, um diesem schreck__________ Treiben Einhalt zu gebieten? Es geht letztend__________ um unsere Sicherheit.

2 Füge die Nachsilben **-ig**, **-lich** oder **-isch** richtig ein.

ein häuf______ er Fehler, ein herz______ es Willkommen, eine schwier______ e Aufgabe, ein mod______ es Kleid, ein verläss______ er Freund, eine fert______ e Arbeit, ein wesent______ es Merkmal, ein ordent______ es Zimmer, die einheim______ en Rohstoffe, ein ruh______ er Nachbar, ein unverzeih______ er Irrtum, ein großzüg______ es Angebot, eine öl______ e Masse

3 Schreibe die **Grundformen** der Adjektive auf. Unterstreiche die Nachsilben, z. B. *häufig*. Schreibe in dein Heft.

TIPP S. 54

Durch **Verlängerung** des Wortes kannst du oft feststellen, ob das Adjektiv auf **-ig**, **-isch** oder **-lich** endet.

4 Bilde Adjektive auf **-ig**, **-isch** oder **-lich** und setze sie im richtigen Fall ein.

1. der Witz → mit einer *witzigen* ____ Bemerkung
2. die Gefahr → von einer ____ Schlange
3. der Freund → mit ____ Grüßen
4. die Kraft → mit ____ Stößen
5. die Stadt → in einer ____ Atmosphäre
6. das Land → in einer ____ Umgebung
7. der Sturm → bei ____ Wetter
8. der Nebel → an einem ____ Tag

5 Wandle die Ländernamen um. Schreibe Adjektive auf **-isch**.

1. Autos aus Japan → *japanische Autos* ____
2. Schokolade aus Belgien → ____
3. Käse aus Holland → ____
4. Parfüm aus Frankreich → ____
5. Schuhe aus Italien → ____
6. Gänse aus Polen → ____
7. Tee aus Indien → ____
8. Trauben aus Chile → ____

6 Füge Adjektive ein, die von den Ländernamen **England**, **Spanien**, **Ungarn** und **Schweden** abgeleitet sind.

1. Zum Konzert trat der *spanische* Tenor José Carreras auf.
2. Uppsala ist eine ____ Universitätsstadt.
3. ____ Salami esse ich am liebsten.
4. Die ____ Königin kam zu Besuch nach Berlin.

7 Füge die richtigen Nachsilben ein.

die west____e Politik, das südöst____e Klima, eine nordwest____e Strömung, die nörd____e Halbkugel, die öst____e Kultur

S. 54

TIPP

Adjektive, die von **geografischen Eigennamen** abgeleitet sind, enden meist auf **-isch.** Adjektive, die von den **Himmelsrichtungen** abgeleitet sind, enden auf **-lich**:
→ südlich, östlich, nördlich, westlich.

deutsch.kombi plus 7, S. 22–25

Eine Taube namens Fritz

1 Füge die Verben in der richtigen Form ein.

Nach Arne Reinfrank

Eine Taube namens Fritz

fliegt **auf eine Kirchturmspitz. (fliegen)**

In die Kirche ________________ der Pfarrer, (kommen)

mit den Schuhen ________________ er Knarrer. (machen)

Und er ________________ am Glockenstrang. (ziehen)

da ________________ es gleich zu bimmeln an. (fangen)

Die Taube ______________________ sich arg. (erschrecken)

und ____________________ zum Hegel-Park. (entfliehen)

Dort ________________ sie sich in den Dreck. (setzen)

Religion, ________________ sie, hat wenig Zweck. (denken)

2 Vervollständige die Verse von Eugen Roth.

legen | ~~erblicken~~ | malen | sagen | stecken | herausstellen

Peinliche Erkenntnis

Ein Mensch *erblickt* das Licht der Welt –

Doch oft hat sich ________________________,

Nach manchem trüb verbrachtem Jahr,

dass dies der einzige Lichtblick war.

Kunst

Ein Mensch ________________, von Begeisterung wild,

Drei Jahre lang an einem Bild.

Dann ________________ er stolz den Pinsel hin

Und ________________: „Da ________________ viel Arbeit drin."

Doch damit wars auch leider aus:

Die Arbeit kam nicht mehr heraus.

3 Ergänze die Reimwörter. Markiere das **t**-Signal.

du heißt	du flitzt	du vergisst	du setzt
du b____________	du s____________	du verm____________	du h____________

deutsch.kombi plus 7, S. 56–58

4 Vervollständige die folgenden Scherzfragen. Setze die passenden Verben in der richtigen Form ein. Versuche die richtigen Antworten zu finden.

erblicken | ~~krähen~~ | bekommen | graben | lassen | klingeln | wachsen

1. Welcher Hahn *kräht* nicht?

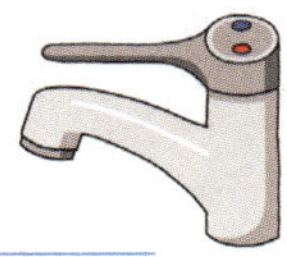

→ ______________________________

2. Welches Auge ____________ nichts? → ______________________

3. Welcher Bogen ____________ sich nicht spannen? →  ______________ 

4. Welche Birne ____________ nicht am Baum? → ______________________

5. Welches Glöckchen ____________ nicht?

→ ______________________________

6. Welche Mutter ____________ keine Kinder? → ______________

7. Welcher Wurf ____________ sich durch die Erde?

→ ______________________________

5 Kannst du auch diese Rätsel lösen? Setze zuerst die Verben in der richtigen Form ein.

sehen – wachsen

Du ______________ ihn nur bei Sonnenschein,
am Mittag ist er kurz und klein.
Er ______________ bei Sonnenuntergang
und wird fast wie ein Baum so lang. → ______________

rutschen – schaffen

Eine Schnecke fällt in einen 21 Meter tiefen Brunnen.
Sie versucht aus dem Schacht herauszukommen
und ______________ täglich sieben Meter,
______________ aber in der Nacht wieder vier Meter zurück.
Wann erreicht sie den Brunnenrand? → ______________

TIPP S. 54

Wenn der Stamm eines Verbs auf **s**, **ß**, **ss**, **tz**, **z** oder **x** endet, wird die 2. Person Singular Präsens nur mit **-t** gebildet: → du liest, heißt, vergisst, sitzt, tanzt, mixt.

Dem Lernen auf der Spur

1 Schreibe den Text in normaler Groß- und Kleinschreibung. Unterstreiche die Signale für die Großschreibung eines Wortes. Orientiere dich an dem TIPP unten.

DEN BEGRIFF „NÜRNBERGER[1] TRICHTER" KENNT WOHL JEDE UND JEDER LERNENDE(R). MAN VERBINDET DAMIT DIE IDEE VON EINEM TRICHTER, DEN MAN AUF DEN KOPF SETZT. MIT SEINER HILFE KÖNNTE MAN DANN MÜHELOS ALLES WISSEN HINEINBEFÖRDERN, SODASS SICH DAS LERNEN SOZUSAGEN OHNE ANSTRENGUNG VOLLZIEHT. LEIDER IST DAS LERNEN ABER NICHT SO EINFACH. DAVON KÖNNT IHR BESTIMMT AUCH EIN LIED SINGEN.

1 „Nürnberger" gehört zu einem Eigennamen und wird deshalb großgeschrieben.

2 Wandle wie im Beispiel um. So erkennst du den Artikel besser, z. B. *vom Lernen → von dem Lernen*

1. zur Schule → ______
2. vorm Eingang → ______
3. unterm Buch → ______
4. am Tisch → ______
5. im Bioraum → ______
6. hinterm Fenster → ______
7. zum Nachbarn → ______
8. vom Lehrer → ______

TIPP S. 54

Signale für die **Großschreibung** eines Wortes (Nomensignale) sind **Artikel** (z. B. der, die, das, dessen, ein), **Possessivpronomen** (z. B. mein, ihr, unser), **andere Pronomen** (z. B. dieser, jeder, kein), **Numerale** (z. B. zwei, drei) und **Präpositionen** vor dem Wort (→ ohne Mühe, mit Gefühl).

 deutsch.kombi plus 7, S. 39

3 Lies und schreibe den Text in normaler Groß- und Kleinschreibung. Orientiere dich auch an dem TIPP unten.

das erlernen der sprache
im alter von drei monaten beginnen die meisten kinder zu lallen. lange zeit ging man davon aus, dass kleine kinder das sprechen ausschließlich durch nachahmung erlernen. heute weiß man, dass das spracherlernen ein sehr kreativer prozess ist. die kleinen plappern nicht einfach nur nach, was sie gehört haben. bereits die zweijährigen kombinieren viele wörter frei. von großer bedeutung ist das wiedererkennen und gebrauchen regelmäßiger sprachmuster. dabei hängt die fähigkeit des sprechens natürlich auch von der entwicklung des kehlkopfes, der sprechmuskulatur und des gehirns ab.

4 Trage die Substantive/Nomen aus dem Text in die richtige Spalte ein. Manchmal sind doppelte Eintragungen möglich.

Nomensignale			
Artikel, Pronomen oder Numerale als Begleiter	**Nachsilbe -heit, -keit, -nis, -schaft, -tum oder -ung**	**Präposition vor dem Wort**	**Adjektiv vor dem Wort, das sich verändert**
das Erlernen			*die meisten Kinder, lange Zeit,*

TIPP S. 54
Weitere Signale für die **Großschreibung**:
Endet das Wort auf **-heit**, **-keit**, **-nis**, **-schaft**, **-tum** oder **-ung**?
Lässt sich direkt vor das Wort ein **Adjektiv** setzen, welches sich dabei verändert (→ ein schöner Baum, ein langes Leben)?

Schule um 1900

1 Lies den Auszug aus einer Schulordnung um 1900. Was würde in einer heutigen Schulordnung nicht mehr stehen? Kreuze an.

- ☐ Alle Schüler sitzen anständig, gerade, mit dem Rücken angelehnt in Reihen hintereinander.
- ☐ Jedes Kind legt seine Hände geschlossen auf die Schultafel.
- ☐ Die Füße werden parallel nebeneinander auf den Boden gestellt.
- ☐ Sämtliche Kinder schauen dem Lehrer fest ins Auge.
- ☐ Das Sprechen, Plaudern, Lachen, Flüstern, Hin- und Herrücken, heimliches Lesen, neugieriges Umhergaffen dürfen nicht vorkommen.
- ☐ Das Melden geschieht bescheiden mit dem Zeigefinger der rechten Hand.
- ☐ Beim Antworten hat sich das Kind rasch zu erheben, gerade zu stehen, dem Lehrer fest ins Auge zu schauen und in vollständigen Sätzen laut zu sprechen.
- ☐ Die Bücher werden auf Kommando in drei Zeiten herauf- und hinweggetan. Auf „eins“ erfassen die Kinder das unten liegende Buch, auf „zwei“ legen sie das Buch über die Tafel, auf „drei“ legen sie es geräuschlos auf die Schultafel nieder und richten den Blick wieder unverwandt und fest auf den Lehrer.
- ☐ Beim Austeilen von Büchern ist folgende Ordnung einzuhalten: Der Lehrer teilt die Bücher an die Bankobersten aus. Auf „eins“ nimmt jeder Bankoberste ein Buch und gibt die übrigen fünf schnell und leise an den linken Nachbarn. Auf „zwei“ nimmt der zweite Schüler ein Buch und gibt die übrigen vier schnell und leise an den linken Nachbarn, u. s. w.

2 Untersuche die Großschreibung in diesem Text. Markiere mit unterschiedlichen Farben alle Substantive/Nomen sowie alle Verben, die als Substantive/Nomen gebraucht und demzufolge großgeschrieben werden.

3 Bilde mit den nachfolgenden Angaben Sätze, in denen Verben als Substantive/Nomen gebraucht werden. Schreibe in dein Heft.

1. im Duden nachschlagen – Informationen über die Rechtschreibung erhalten
   Durch das Nachschlagen im Duden erhält man Informationen über die Rechtschreibung.
2. niesen – Hand vor Mund und Nase halten
3. richtig atmen – Bedingung für flüssiges Reden
4. regelmäßig Sport treiben – förderlich für die Gesundheit
5. sehr viele Luftballons aufblasen – schwindelig werden
6. um die Wette rennen – Spaß machen

TIPP «» S. 54

Verben und **Adjektive** können im Satz **als Substantive/Nomen gebraucht** werden (z. B. das Lachen, ins Blaue). Dann schreibt man sie groß. Häufig stehen davor Wörter wie **alles**, **wenig**, **nichts**, **etwas**, **viel**: → alles Gute, wenig Neues.

4 Welches Wort ist hier falsch geschrieben?

„Es können“, sagt Götz, „die Giraffen
bequem in ein Vogelnest gaffen.
Hätt ich einen solchen Hals,
ich wär jedenfalls
zum abgucken wie geschaffen.“

5 Wandle diese Adjektive in Substantive/Nomen um.

warm → im *Warmen*, kalt → im ______________, gut → alles ______________,
lustig → viel ______________, schön → das ______________, alt → beim ______________,
grün → ins ______________, neu → aufs ______________, interessant → wenig ______________,
langweilig → nichts ______________, sinnvoll → etwas ______________

6 Groß oder klein? Setze ein.

1. Die __(B/b)londe dort ist Melina. 2. Das __(B/b)londe Mädchen ist Melina. 3. Ali ist in unserer Klasse der __(B/b)este. 4. Ali kann Mathe am __(B/b)esten. 5. Er übermittelte die __(N/n)euesten Informationen. 6. Er übermittelte das __(N/n)eueste vom Tage.
7. Wir begrüßten die __(R/r)eisenden aus Frankreich. 8. Die __(R/r)eisenden Gäste aus Spanien wurden herzlich begrüßt. 9. Sie war eindeutig die __(K/k)lügere Schülerin.
10. Der __(K/k)lügere gibt nach.

7 Bilde Wortgruppen. Achte auf die Großschreibung der substantivierten/nominalisierten Adjektive.

viel, nichts, genug, wenig, alles, etwas	gut, schlecht, nützlich, wichtig, groß, interessant, sinnvoll, langweilig, schön, hässlich, neu, alt, gemein, klug, klein

viel Gutes, ____

____

____

8 Unterstreiche in der folgenden Information die sechs Fehler.

Etwas sehr interessantes!
Eine neue studie beweist, dass Schülern das lernen leichter fällt, wenn sich ein Hund in der Klasse befindet. Bundesweit unternahmen 20 Schulen das Experiment mit den vierbeinern bei den lernenden. Bereits nach kurzer Zeit war etwas sehr beeindruckendes festzustellen: bessere Konzentration!

deutsch.kombi plus 7, S. 39

Immer verplant

1 Lies und ergänze die fehlenden Buchstaben in den Zeitangaben.

Hi, Lucas! Was gibt's, dass du so __rüh am __orgen anrufst?

Ja, entschuldige, mir ist gerade eine Idee gekommen. Wollen wir __eute __achmittag zum Frühlingsfest gehen? Oder besser schon __eute __ittag, da ist nämlich der Festumzug.

Würde ich gerne, aber __eute __ormittag bin ich schon mit meinem Bruder verabredet, __amstags spielt er immer Fußball.

Och, schade! Und wie sieht es __orgen bei dir aus? Oder am __ontag? Das Fest dauert ja die ganze Woche.

Nein, __orgen geht es leider auch nicht. Da wollen wir uns mit Mike und Leo auf die Mathearbeit __bermorgen vorbereiten. Hm, und __ontags habe ich Fußball-AG.

Und am __ienstagnachmittag?

Ja, also __ienstagnachmittags habe ich Judo. Und __ittwochs habe ich normalerweise frei, nur nächsten __ittwoch habe ich einen Zahnarzttermin. Aber wie wäre es am __onnerstag? Ich habe __onnerstags schon früh Schulschluss und ab __ittag frei.

Also, __onnerstags bin ich es, der Fußball spielt. Am __reitag ist ja Feiertag, da bekommen wir am __bend Besuch. Aber __agsüber hätte ich Zeit.

Ja, am __reitag geht es bei mir auch. Wollen wir uns schon am __ormittag treffen? Da ist es vielleicht auf dem Fest noch nicht ganz so voll wie am __achmittag oder am __bend.

Ja, gut, bis __reitag, aber bis dahin telefonieren wir noch.

TIPP «» S. 55

Viele **Zeitangaben** sind **Substantive/Nomen** und werden großgeschrieben – vor allem **Wochentage** und **Tageszeiten.** Man erkennt sie an ihren Begleitern:
→ der Morgen, am Dienstag, jeden Samstagabend.

2 Trage folgende Zeitangaben in richtiger Schreibweise in die Tabelle ein.

~~FREITAGMORGENS~~ | HEUTE MORGEN | (AM) FREITAGMORGEN | SONNTAGS | ÜBERMORGEN | SONNTAGNACHMITTAGS | FRÜH AM MORGEN | VORGESTERN | (JEDEN) DONNERSTAGNACHMITTAG | (ZUM) MITTAG | MORGEN ABEND | NACHTS | GESTERN NACHT | (AM) DIENSTAG | GESTERN MITTAG | VORGESTERN ABEND | GESTERN VORMITTAG | (JEDEN) SONNTAGMORGEN | (IN DER) FRÜHE | HEUTE

Substantive/Nomen (immer großgeschrieben)	**Adverbien (immer kleingeschrieben)**	**Wortgruppen aus Adverb + Substantiv/Nomen**
	freitagmorgens	

3 **Morgen** oder **morgen**? Ergänze.

1. Heute oder __orgen Nachmittag habe ich Zeit. 2. Ich fahre jeden __orgen mit dem Bus. 3. Heute __orgen hätte ich fast die Bahn verpasst. 4. Bitte ruf mich __orgen früh an. 5. Leider muss ich __orgen schon früh am __orgen aufstehen.

4 Schreibe den Text in richtiger Groß- und Kleinschreibung auf.

SVEN HAT SEINE FREUNDIN LINDA SCHON VORGESTERN MITTAG FÜR HEUTE NACHMITTAG INS KINO EINGELADEN. DORT TREFFEN SIE SICH OFT SAMSTAGS. WEIL LINDA HEUTE NACH DEM KINO NOCH ZU IHRER TANTE ZU EINER FEIER GEHT, KOMMT SIE ERST SPÄT AM ABEND ODER SOGAR NACHTS NACH HAUSE.

TIPP «» S. 55

Zeitangaben zu **Tageszeiten** schreibt man nach den **Adverbien vorgestern**, **gestern**, **heute**, **morgen**, **übermorgen** groß: → gestern Abend, morgen Vormittag.

Rätseleien

1 **Setze folgende Fremdwörter ihrer Bedeutung entsprechend ins Rätsel ein:**

Addition, Adjektiv, ~~Akkumulator~~, ~~Akkusativ~~, Apotheke, Biologie, Chemie, Division, Gymnastik, Klima, Literatur, Mathematik, Multiplikation, Orthografie, Rhythmus, Physik, Subjekt, Theater, Thema, Trauma, Verb, Vitamin

1 A	K	K	U	2 S	A	3 T	I	4 V			5	6					
K	X	X	X		X		X		X	X			X	X	X	X	7
K	X	X	X		X		X		8								
U	X	X	X		X		X		X	X			X	X	X	X	
9 M							10			X			X	11	X	12	
U	X	X	X		X	X		X	X	X		13					
L	X	14									15						
A	X	X	X	X	X	X		X	X	X			X		X		
16 T								X	X	X	X		X		X		
17 O											X		X		X		X
R	18						X	X	X	X	X		X		X		X
X	X	X	X	X	X	X	X	X	19								X
20								X	X	X	X		X		X	X	X
X	X	X	X	X	X	X	X	X	X	X	X		X	X	X	X	X

waagerecht:

1 ~~Kasus: Wen-Fall~~
4 Wirkstoff in Obst und Gemüse
8 Wissenschaft vom Leben aller Lebewesen, Schulfach
9 Wissenschaft von den Zahlen, Mengen, Formeln, Schulfach
13 Wissenschaft von den Bewegungen und Kräften, Schulfach
14 alle Lyrik, Epik und Dramatik
15 Wetterbedingungen in einer Region
16 Gebäude, in dem Schauspiele und Opern aufgeführt werden
17 Rechtschreibung
18 Wissenschaft z. B. von Atomen und Molekülen, Schulfach
19 Grundrechenart: Zusammenzählen
20 Gliederung von Sprache und Musik in Takten

senkrecht:

1 ~~Gerät zur Speicherung von Strom~~
2 Satzglied, Satzgegenstand
3 Hauptinhalt, Leitgedanke, Gesprächsstoff
4 Wortart, die eine Tätigkeit oder einen Vorgang bezeichnet
5 Fachgeschäft für Arzneimittel
6 Grundrechenart: Malnehmen
7 Wortart, die z. B. Eigenschaften von Personen und Sachen bezeichnet
10 schwerer seelischer Schock
11 Bewegungen und Übungen, mit denen man den Körper trainiert
12 Grundrechenart: Teilung

«» deutsch.kombi plus 7, S. 192–195

2 Fremdwörter auf **-ie:** Bilde aus den Silben Fremdwörter.

Al | Che | chie | ~~die~~ | de | dus | E | ~~ge~~ | gie | gie

gie | Hie | In | ler | Ma | ~~man~~ | mie | mie | ~~Nor~~ | ~~O~~

pi | ~~ran~~ | Re | rar | ~~rie~~ | trie

1. Kunst der Zauberei ______________________
2. Gewächshaus mit Orangen *Orangerie*
3. Region im Norden Frankreichs *Normandie*
4. Überempfindlichkeit gegen bestimmte Stoffe ______________________
5. Spielleitung (Theater, Film) ______________________
6. Wissenschaft von den Grundstoffen und deren Verbindungen, Schulfach ______________________
7. strenge Ordnung von oben nach unten ______________________
8. Betriebe mit maschineller Herstellung ______________________
9. ansteckende Massenerkrankung ______________________

Das **Lösungswort** ergibt sich aus den Anfangsbuchstaben. Es ist auch ein Fremdwort auf **-ie**: eine Staatsform, in der ein König oder Kaiser herrscht: _ *O* *N* _ _ _ _ _ _ _

3 Fremdwörter mit **-ik:** Schreibe die richtigen Substantive/Nomen auf.

1. Wie heißt der Fachmann, der Brillen herstellt? *O* ______________________
2. Wie heißt der Mensch, der ein Instrument spielt? ______________________
3. Wie heißt der Handwerker, der elektrische Leitungen repariert? ______________________
4. Wie heißt der Wissenschaftler, der sich mit Chemie beschäftigt? ______________________

4 Fremdwörter mit **th:** Schreibe die richtigen Substantive/Nomen auf.

1. Wie heißt das Instrument zum Messen der Temperatur? ______________________
2. Wie heißt das Gefäß, das den Inhalt vor Wärmeverlusten schützt? ______________________
3. Wie heißt ein Badeort, in dem es warme Quellen gibt? ______________________
4. Wie heißen die Maßnahmen zur Behandlung einer Krankheit? ______________________

5 Fremdwörter auf **-ieren:** Schreibe die Verben in alphabetischer Reihenfolge in dein Heft.

marsch-, kompon-, inform-, musiz-, garant-, illustr-, demonstr-, finanz-, repar-

____

____

deutsch.kombi plus 7, S. 192–195

Von Alphabet bis Vulkan

1 Suche die versteckten Fremdwörter auf **-tion** (19). Schreibe sie in dein Heft.

M	U	L	T	I	P	L	I	K	A	T	I	O	N	F	A	K
K	O	M	P	L	I	K	A	T	I	O	N	K	P	F	K	O
L	P	U	J	L	S	K	O	M	P	O	S	I	T	I	O	N
D	A	G	S	U	B	T	R	A	K	T	I	O	N	N	N	V
I	N	O	V	S	I	T	U	A	T	I	O	N	K	F	J	E
O	P	O	R	T	I	O	N	N	I	N	L	M	A	O	U	R
D	E	K	O	R	A	T	I	O	N	R	S	T	U	R	G	S
S	O	R	G	A	N	I	S	A	T	I	O	N	T	M	A	A
K	R	E	A	T	I	O	N	L	I	O	N	G	I	A	T	T
D	E	K	L	I	N	A	T	I	O	N	U	A	O	T	I	I
A	K	T	I	O	N	S	S	T	A	T	I	O	N	I	O	O
K	A	F	U	N	K	T	I	O	N	K	T	A	M	O	N	N
T	R	E	Z	I	T	A	T	I	O	N	C	H	I	N	T	R

2 Fremdwörter mit **ph**: Setze die Fremdwörter richtig ein.

Alphabet | Morphium | Pharao | Phlegma | ~~Triumph~~

1. Einen großen Sieg bezeichnet man als *Triumph* __________.
2. Große Trägheit bezeichnet man als __________.
3. __________ ist ein ägyptischer Königstitel.
4. Das ABC bezeichnet man auch als __________.
5. __________ ist ein starkes Schmerzmittel.

3 Fremdwörter mit **v**: Setze die Fremdwörter richtig ein.

Lava | Souvenir | ~~Vakuum~~ | Visum | Volumen | Vulkan

1. Einen luftleeren Raum bezeichnet man als *Vakuum*.
2. Aus dem __________ quoll ein breiter Strom von __________.
3. Er brachte ihr ein niedliches __________ aus Frankreich mit.
4. Für die Reise nach China brauchte sie noch ein __________.
5. Wie groß ist das __________ dieser Kiste?

deutsch.kombi plus 7, S. 192–195

4 Besprich mit Eltern, Geschwistern oder Mitschülern die Aussprache und Bedeutung der folgenden Fremdwörter. Schreibe die Wörter englischen und französischen Ursprungs getrennt auf. Nutze, wenn notwendig, ein Wörterbuch.

die Balance, ~~das Bowling~~, der Bungalow, die Garage, das Hobby, der Job, das Jogging, der Journalist, die Medaille, das Niveau, die Passage, der Passagier, der Shop, das Skateboard, die Tour, der Tourist, das Training, der Waggon

englischer Ursprung: *das Bowling* ______________________________

____

____

französischer Ursprung: ______________________________

____

____

5 Besprich mit Eltern, Geschwistern oder Mitschülern die Aussprache und Bedeutung der folgenden Fremdwörter. Markiere das **c** rot, wenn es wie **k** gesprochen wird, und grün, wenn es wie **z** gesprochen wird.

Camembert, Celsius, Couch, Café, Ceylon, CD, Comic, Computer, Center, Cervelatwurst, Cent, Cowboy, Clown

6 Fremdwörter mit **ch**: Besprich mit Eltern, Geschwistern oder Mitschülern die Aussprache und Bedeutung der folgenden Fremdwörter. Setze sie richtig ein.

(die) Chronik | (der) Charakter | ~~(der) Charme~~ | (der) Champion | (der) Chat | (der) Chirurg | (der) Champignon | (das) Christentum | (die) Checkliste

1. Die junge Sängerin hat viel *Charme* ______________.
2. Viele historische Tatsachen sind uns durch alte ______________ bekannt.
3. Er bekennt sich zum ______________.
4. Sie hat meines Erachtens einen guten ______________.
5. Ich esse gerne gefüllte ______________.
6. Welche Mannschaft wird wohl in diesem Jahr ______________?
7. Er hat sich als ______________ im Kreiskrankenhaus beworben.
8. Sie hatten einen langen ______________ im Internet.
9. Prüfe deinen Bericht mithilfe der ______________.

Einfach merken!

1 **V/v** statt **F/f**: Der folgende Text enthält fast alle Wörter der deutschen Sprache, in denen statt **F/f** ein **V/v** geschrieben wird. Schreibe sie heraus und markiere das **V/v**. Kläre ihre Bedeutung.

Aus alten Zeiten

Der Vogt jagte gerne Vögel. ____________________

Der Vater züchtete und verkaufte das Vieh. ____________________

Der Vetter hatte vier Töchter. Die mochten ____________________

Wiesen voller Veilchen. Abends saß man ____________________

brav am Dorfbrunnen, las etwas vor und ____________________

hatte sich viel zu erzählen. ____________________

2 Kennst du diese Volkslieder? Ergänze **V/v** oder **F/f**.

1. Alle *Vögel* sind schon da …
2. Horch, was kommt __on draußen rein?
3. Am Brunnen __or dem Tore, da steht ein Lindenbaum.
4. Kommt ein __ogel geflogen, setzt sich nieder …
5. Es war eine Mutter, die hatte __ier Kinder, …
6. Die Gedanken sind __rei …

3 Suche je zehn Wörter mit den Vorsilben **ver-** und **vor-**. Du kannst auch ein Wörterbuch benutzen.

ver: versuchen, ____________________

____

vor: vorsingen, ____________________

____

4 **V/v** statt **W/w**: Diese Wörter stammen aus Sprachen, in denen es den Buchstaben **w** nicht gibt. Suche in einem Wörterbuch, aus welcher Sprache sie stammen. Schreibe sie dann mit Artikel in dein Heft, z. B.: *das Klavier – französisch …*

~~Klavier~~ Vanille Kurve November Vampir Vase

Villa Vitamin Vaseline Virus Vene

 «» deutsch.kombi plus 7, S. 239–241

5 Ganz wenige Wörter schreibt man mit **ai**. Überlege, was sie bedeuten, und schreibe sie nach dem Alphabet auf.

der Kaiser | der Hai | der Mai | die Saite | die Waise | der Kai | der Mais

____

____

6 Erkennst du diese Wörter mit doppeltem Vokal? Ordne sie in folgende Tabelle. Schreibe sie mit ihrem bestimmten Artikel. Einige Wörter kannst du zweimal oder sogar dreimal in die Tabelle eintragen. Welche sind das? Gib jeder Spalte eine Überschrift.

~~Saal~~, ~~B___t~~, T___, ___l, B___re, Kl___, Kaff___, P___r, F___, Z___, Schn___,

H___r, S___, M___r, T___r, W___ge, S___t, M___s, Sp___r, St___t

aa	ee	oo
der Saal	das Beet	das Boot

7 **Paar** oder **paar**? Setze ein.

ein ________ Sandalen kaufen, ein ________ Fragen haben, das richtige ________ Socken auswählen, ein ________ Kleinigkeiten einpacken, ein ________ Worte wechseln, ein verliebtes ________ sehen

Und wie lautet die Verkleinerungsform? – Ein niedliches ____________ Rennmäuse.

8 Bilde Wortfamilien.

1. Haar: *haaren, Haarausfall, Härchen, haarbreit, Barthaar,* ________
2. Paar: ________
3. Staat: ________
4. Meer: ________
5. Tee: ________

9 **Meer** oder **mehr**, **leerte** oder **lehrte**? Setze ein.

1. Er stand in einem ________ von Blumen.
2. Zum Gratulieren kamen ________ Leute als erwartet.
3. Sie ________ ihn das Schreiben.
4. Sie ________ beide Taschen.

deutsch.kombi plus 7, S. 239–241

Wie? Nur i?

1 Der lange i-Laut wird in der deutschen Sprache in der Regel als **ie** geschrieben. Es gibt jedoch ein paar Ausnahmen.
In Fremdwörtern wird der lange i-Laut meist nur durch **i** wiedergegeben. Präge dir diese 24 Wörter ein.

Bibel	Biber	Detektiv	Fibel	Igel	Kilo	Kino	Klima
Klinik	Krise	Kritik	Krokodil	lila	Linie	Medizin	Mimik
Mine	minus	prima	Risiko	Ski	Tiger	Titel	Video

2 Bilde Wortzusammensetzungen mit folgenden Wörtern:

Klima → *Klimaerwärmung* Klinik → ____________ Krise → ____________

Linie → ____________ Medizin → ____________ Detektiv → ____________

Kino → ____________ Titel → ____________

3 Schreibe die **ine**-Wörter alphabetisch geordnet auf.

ine: Sard, Masch, Ru, Pral, Cous, Mandol, Margar, Viol, Ros, Mandar, Terr, Vitr, Kab

____

____

____

____

4 Gestalte ein „ine-Violine-Plakat“: Zeichne eine Violine mit einem dicken roten **i** in der Mitte. Schreibe **Violine** dazu. Schreibe oder male Dinge zur „ine-Violine“ auf das Plakat.

TIPP »» S. 55
Der lang gesprochene i-Laut wird in der Regel als **ie** wiedergegeben.
In Fremdwörtern wird der lang gesprochene i-Laut meist nur durch **i** wiedergegeben.

5 Alle folgenden Wörter enthalten ein unhörbares **h**. Untersuche, vor welchen Buchstaben dieses **h** steht. Gib den Spalten der Tabelle Überschriften und ordne die Wörter ein.

Bahn – Föhn – Hahn – ~~hohl~~ – Huhn – ihm – ihn – ihr – Jahr – kahl – Kahn – Kohl – kühl – kühn – lahm – Lehm – Lohn – Mehl – mehr – Mohn – Ohr – Pfahl – Rahm – Rohr – sehr – Sohn – Stahl – Strahl – Uhr – Wahl – wahr – wohl – Zahl – zahm – Zahn – zehn

hl			
hohl			

6 Suche zu diesen Wortstämmen Wortfamilien und schreibe sie als Wörterräder auf.

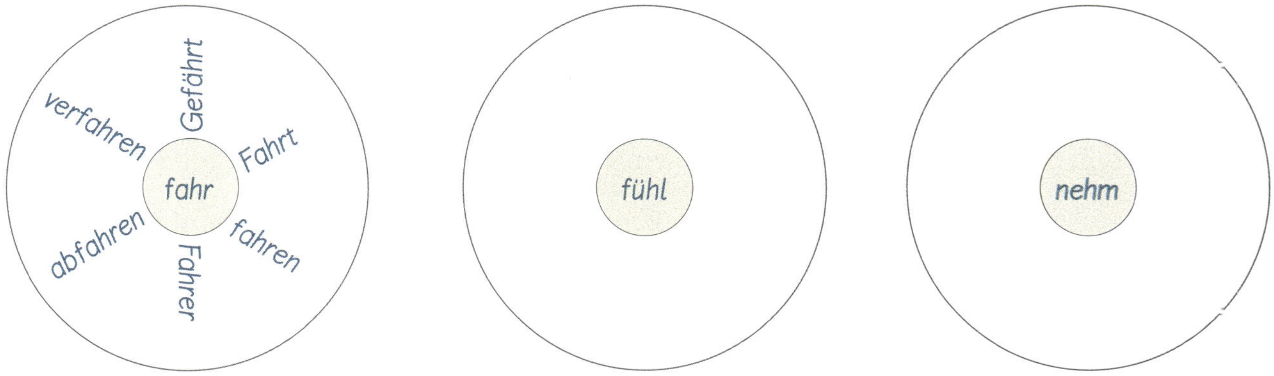

7 Suche Reimwörter.

Zahn	lahm	Sohn	Ohr	wohl	Zahl
H_____	z_____	H_____	R_____	K_____	Str_____
B_____	R_____	L_____		h_____	W_____
K_____		M_____			k_____
					St_____
					Pf_____

8 Bilde witzige Sätze, in denen möglichst viele Wörter mit unhörbarem **h** vorkommen, z. B.:
Der kühne Hahn fühlt sich auf der berühmten Bühne sehr wohl.

____

____

____

TIPP «» S. 55
Wörter mit unhörbarem **h** musst du dir gut einprägen. Dieses **h** kommt nur vor **l**, **m**, **n** und **r** vor.

Flusspferde

1 **ss** oder **ß**? Lies die Regel unten und entscheide.

Für die meisten Leute sehen Flu___pferde mit ihrem ma___igen Körper, dem gro___en Kopf und den kleinen Ohren spa___ig aus. Die Bezeichnung Nilpferd lä___t sich auf die ersten entdeckten Exemplare am Nil zurückführen. Heute sind sie aber am Nil vollständig ausgerottet. Auch der Name Flusspferd (Hippo = Pferd; potamus = Flu___) ist nicht viel be___er, da das Flu___pferd eher mit den Schweinen als den Pferden verwandt ist.

Flu___pferde leben amphibisch und verbringen den grö___ten Teil ihres Lebens im Wa___er. Tagsüber, wenn es hei___ ist, bleiben sie meist im kühlen Na___. Zum einen, um ihre gro___e Ma___e nicht zu überhitzen, und zum anderen, um nicht den ganzen Tag ihr volles Gewicht tragen zu mü___en. Erst in der Nacht verla___en sie das Wa___er, um sich au___erhalb Nahrung zu suchen. Dann ist der Spa___ vorbei: Nicht nur, da___ jedes Flu___pferd kiloweise Grünfutter fri___t (ca. 150 kg jeden Tag!), sie zertrampeln mit ihren gro___en Fü___en auch ganze Plantagen.

2 Kurz oder lang, **ss** oder **ß**? Trage ein.

Gru___ Schlu___ Schlo___ Flo___ Nu___
Ku___ sü___ Bi___ Strau___ blo___

3 Fülle die Tabelle aus. Ergänze die Verbformen.

genießen	**ich genieße**	**er/sie genoss**	**wir haben genossen**
wissen			
essen			
lassen			

TIPP »» S. 55

Als **ss** schreibt man den stimmlosen s-Laut nach einem **kurz gesprochenen Vokal**:
→ der Pass.
Als **ß** schreibt man ihn nach einem **lang gesprochenen Vokal:** → der Spaß oder nach **au**, **ei**, **ai**, **äu** und **eu**: → draußen, heißen.

4 Lies und setze **das** oder **dass** ein.

1. Das Flusspferd, _______ ein Gewicht von über drei Tonnen erreichen kann, ist trotz seiner Masse sehr wendig und schnell. Erstaunlich ist, _______ ein rennender Mensch von ihm leicht überholt wird.

2. _______ Flusspferd ist in der Lage, sehr laute Töne von sich zu geben. _______ Schnaufen des Bullen, _______ weit zu hören ist, erreicht eine Lautstärke von über 100 Dezibel.

3. Flusspferde sind sehr gesellig. Häufig kommen große Gruppen mit mehr als hundert Tieren vor. Dabei sind Bullen und Kühe gemischt. Die Bullen sichern sich ein Territorium, _______ für Flusspferdkühe eine große Rolle bei der Partnerwahl spielt. _______ Territorium, _______ favorisiert wird, hat einen sandigen niedrigen Untergrund und einen kurzen Weg zur abendlichen Weidefläche. Der Territorieninhaber duldet es, _______ auch andere Bullen auf seinem Territorium leben, jedoch gestattet er nicht, _______ sie sich mit auftauchenden Kühen paaren.

4. Kämpfe zwischen Flusspferden verlaufen meist harmlos. Interessant ist, _______ _______ aufgerissene Flusspferdmaul dabei eine sehr wirkungsvolle Drohgebärde darstellt.

5. Ähnlich wie _______ Nashorn duldet auch _______ Flusspferd, _______ sich Vögel, Schildkröten und Fische an oder auf ihm aufhalten, damit es von Insekten oder Schädlingen befreit wird.

6. _______ männliche Flusspferd, _______ im Allgemeinen bereits mit 6 bis 8 Jahren geschlechtsreif wird, paart sich in der Regel erstmals mit etwa 20 Jahren. In freier Wildbahn kann _______ Flusspferd ca. 40 Jahre alt werden.

5 Schreibe die Sätze zu Ende. Benutze die Informationen aus Aufgabe 4.

1. Ich wusste nicht, ____

2. Kennst du noch ein Tier, ____

3. Es ist kaum zu glauben, ____

4. Besonders interessant ist, ____

TIPP »» S. 55

Das Wort **das** tritt als Artikel oder Pronomen auf. Es kann durch andere Wörter ersetzt werden, z. B. durch **dieses**, **jenes**, **welches**.
Die Konjunktion **dass** kann **nicht** ersetzt werden.

Die Wörterinseln

1 Trage die unten stehenden Wörter auf den richtigen „Inseln" ein.

~~der~~ die das ein ~~Meer~~ Insel Wassersport Hobby
~~interessant~~ fern klein groß ~~segeln~~ schwimmen haben
wollen ~~sie~~ ihm uns Sie ~~seine~~ eure ihre ~~diese~~ das
jenes ~~wer~~ welche was ~~heute~~ immer dort genauso
~~an~~ zu bis ~~und~~ dass wenn

2 Ergänze auf jeder Insel ein Wort der entsprechenden Wortart.

«» deutsch.kombi plus 7, S. 22/23

3 Beschrifte den Wortarten-Bestimmungsschlüssel. Ergänze die Wortarten.

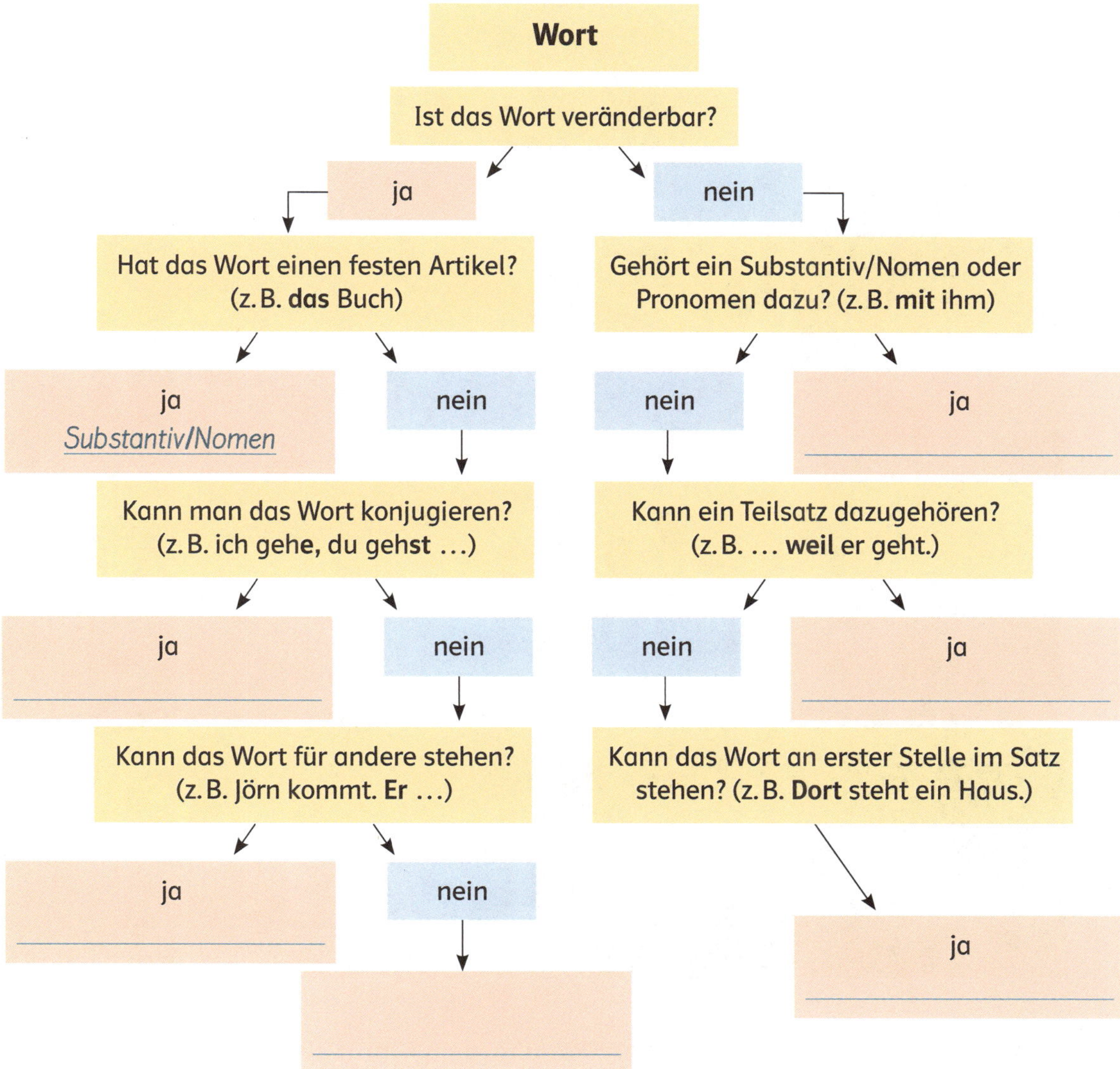

4 Lies die Sage über die im Meer versunkene Stadt Vineta. Bestimme die Wortarten der markierten Wörter. Schreibe in dein Heft, z. B.: *Viertelmeile → Substantiv/Nomen*

Vineta

Etwa eine Viertelmeile vom Strekelberg, einem Vorgebirge Usedoms entfernt, hat vor uralter Zeit eine große, reiche Stadt namens Vineta gelegen. In der hat alles von Gold und Silber und Marmor geglänzt, aber die Leute darin sind gar gottlos gewesen, haben kleine Löcher in den Wänden mit Brot verstopft und ihre Schweine aus goldenen Trögen fressen lassen, und selbst die waren ihnen noch nicht gut genug. Da beschloss der Herr, die gottlose Stadt untergehen zu lassen, und an einem schönen Sommertage erhob sich plötzlich ein Wetter, die Wellen brachen über die Stadt herein und begruben alles. Nur ein einziger Mann, der fromm war, setzte sich auf sein schnelles Pferd und eilte davon. Die Wogen stürzten hinter ihm her, allein er entkam nach Koserow und da war er gerettet; sein Pferd aber stürzte auch sogleich tot unter ihm zusammen […]; alljährlich am heiligen Ostermorgen erhebt es sich aus der Flut und tanzt und springt freudig über die Wogen.

deutsch.kombi plus 7, S. 22–25

Unser Schulsportfest

1 Was siehst du auf dem Bild? Schreibe jeweils vier Substantive/Nomen mit ihrem bestimmten Artikel in die passenden Spalten der Tabelle.

2 Bilde von den Substantiven/Nomen, die du gefunden hast, die Pluralformen.

Singular		
männlich (maskulin) **der**	**weiblich (feminin)** **die**	**sächlich (neutral)** **das**
der Baum	*die Startpistole*	*das Kind*
Plural		
die Bäume		

S. 56 TIPP

3 Trage die Wörter in den Klammern im richtigen Fall (Kasus) ein.

Der Schiedsrichter hat immer recht

„Das war ein tolles Spiel“, sagt ein Zuschauer nach (der Abpfiff) ____________________ (1) zum Schiedsrichter. „Schade, dass Sie es nicht gesehen haben!“ Solche Witze müssen sich viele Schiedsrichter an (jedes Wochenende) ____________________ (2) anhören. Ja, der Schiri ist nicht zu beneiden. Er muss (das Spiel) ____________________ (3) leiten und in Sekundenschnelle (Entscheidungen) ____________________ (4) treffen. Dabei gibt er möglichst (das Beste) ____________________ (5).

Natürlich kommt es vor, dass ein Schiedsrichter (eine Fehlentscheidung) ____________________ (6) trifft. Manchmal hat auch ein Schiedsrichter (ein Pechtag) ____________________ (7), an dem vieles danebengeht. Dann tappt er mit (seine Entscheidungen) ____________________ (8) im Dunkeln. Es ist natürlich ärgerlich, wenn (eine Mannschaft) ____________________ (9) deswegen verliert. Aber auch dann gilt: Der Schiedsrichter hat immer recht. Das ist zwar nicht demokratisch, aber anders geht es nicht. Bei einem Spiel ohne (ein Schiri) ____________________ (10) würde es zwischen (beide Mannschaften) ____________________ (11) bestimmt viel mehr Streit geben!

Falls du dich während (ein Spiel) ____________________ (12) doch mal ungerecht behandelt fühlst – denk daran: Für Meckern gibt es (eine gelbe Karte) ____________________ (13). Du kannst nichts an der Entscheidung (der Schiedsrichter) ____________________ (14) ändern.

4 Schreibe auf, in welchem Fall (Kasus) die Substantive/Nomen in Aufgabe 3 stehen müssen. Schreibe so: *(1) Dativ*. Arbeite in deinem Heft.

5 Bilde Wortgruppen. Verwende dabei das jeweils zweite Substantiv/Nomen im Genitiv.

1. das Spiel – der Junge → *das Spiel des Jungen*
2. die Meinung – der Laie → ____________________
3. das Leben – der Mensch → ____________________
4. das Urteil – der Nachbar → ____________________

TIPP »» S. 56

Einige Substantive/Nomen enden in allen Fällen (Kasus) außer dem Nominativ Singular auf **-n** oder **-en** (z. B. Bär, Bote, Bauer, Fotograf, Hase, Herr, Held, Junge, Mensch, Nachbar, Planet, Polizist, Präsident).

Wandersagen

1 Fast jeder kennt solche erdachten kurios-schaurigen Geschichten, die so erzählt werden, dass sie richtig wahr klingen – sogenannte Wandersagen. Und fast jeder hat schon einmal eine geglaubt und weitererzählt. Kannst du diese Geschichte trotz der Lücken verstehen? Versuche es.

Ein Beispiel *für* eine Wandersage ist die ________ einigen Jahren bekannte Geschichte ________ drogengetränkte Abziehbilder:
Ein kleiner Junge brachte ________ der Grundschule ein Flugblatt mit ________ Hause. ________ dem Text warnte der Schulleiter die Eltern eindringlich ________ Abziehbildchen, die ________ den letzten Tagen ________ dem Pausenhof kursierten. Die kleinen Sticker, so die dramatische Warnung des Schulleiters, seien ein fieser Trick ________ Drogendealern, um Kinder ________ Drogenkonsumenten zu machen. Wer ________ den Bildern lecke, um sich ein Tattoo ________ den Arm zu kleben, lutsche unwissentlich LSD. ________ diese Information verunsichert, stürmten die Eltern ________ die Schule und beriefen sofort einen Elternabend ein. Die Angst allerdings war unbegründet. Der Schulleiter hatte sich selbst gar nicht ________ die Sticker informiert. ________ hatte er ein Gerücht, das ihm zu Ohren gekommen war, ________ jegliche Nachforschung weitergegeben. Tatsächlich gab es keinen Vorfall dieser Art. Bis heute aber kursiert diese Geschichte ________ verschiedenen Varianten in der Öffentlichkeit.

2 Vervollständige die Tabelle: Trage die Präpositionen in die richtige Spalte ein.

statt für vor in nach aus mit seit während

bis trotz ohne an zu von auf durch über

Gruppe 1 (nur Dativ)	Gruppe 2 (nur Akkusativ)	Gruppe 3 (Dativ oder Akkusativ)	Gruppe 4 (nur Genitiv)
bei, gegenüber, außer ...	*gegen, um, wider ...*	*hinter, neben, unter, zwischen ...*	*außerhalb, abseits ...*

3 Vervollständige die Sätze. Überlege, worin die Unterschiede liegen.

Wohin? → Akkusativ	**Wo? → Dativ**
Sie laufen in *die Schule*.	Sie laufen in *der Schule*.
Er rennt hinter ________________ Tor.	Er rennt hinter dem Tor.
Sie schwimmt an das Ufer.	Sie schwimmt an ________________.
Sie kleben das Bild auf ________________.	Das Bild klebt auf dem Arm.
Sie setzen sich auf ________________.	Sie sitzen auf ________________.
Stell dich bitte vor ________________!	Steh bitte vor ________________!

4 Lies diese Wandersage. Setze die Artikel und Pronomen in der richtigen Form ein.

Ein Autofahrer liest auf *einer* (ein) einsamen Landstraße einen jungen Anhalter auf. Während ________ (die) Fahrt verschwindet dieser urplötzlich von ________ (der) Beifahrersitz, ohne dass das Auto angehalten hatte. An ________ (ein) Haus, das der mysteriöse Fahrgast als Ziel genannt hatte, öffnet dem Autofahrer eine alte Frau. Sie erzählt ihm, ihr Sohn sei vor ________ (einige) Jahren bei ________ (ein) Unfall getötet worden – an eben ________ (die) Stelle, wo der Anhalter eingestiegen war.

5 In dieser relativ „jungen“ Wandersage wurden beim Erzählen fehlerhafte Präpositionen verwendet. Korrigiere die übrigen 7 und schreibe die richtige Präposition jeweils an den Rand.

~~Auf~~ einem Lebensmittelladen beobachtete unlängst ein Freund des Erzählers, *In*
wie in der Kasse ein Kind einer älteren Frau immer wieder ______
hinter dem Einkaufswagen absichtlich vor die Hacken fuhr. Die Frau be- ______
schwerte sich zu der Mutter. Diese antwortete, ihr Kind werde antiautoritär ______
erzogen. Es müsse seine Erfahrungen selbst machen und sie werde nicht
eingreifen. Daraufhin leerte ein anderer Kunde über der Schlange ein Glas ______
Honig unter dem Kopf der Mutter aus bei den Worten: ______
„Ich bin auch antiautoritär erzogen worden und muss Erfahrungen sammeln.“ ______

TIPP «» S. 56

Wörter wie **an, auf, aus, über** sind **Präpositionen** (Verhältniswörter). Sie verlangen einen bestimmten Fall (Kasus):
Auf die Frage **Wo?** folgt diesen Wörtern der **Dativ**.
Auf die Frage **Wohin?** folgt diesen Wörtern der **Akkusativ**.

Familie? Familie!

1 Lies den Text. Unterstreiche alle Personalpronomen blau und alle Possessivpronomen rot.

Ab Montag wird alles anders

(Die Mutter und ihr Sohn sitzen sich am Tisch gegenüber. Diese ist mit einem Heft beschäftigt.)

CHRIS: Ab Montag lass ich mir nichts mehr von dir vorschreiben!

MUTTER *(scheinbar gleichgültig; blättert in ihrem Heft)*: Mmm.

CHRIS: Dann komme ich nach Hause, wann es mir passt!

MUTTER *(blättert weiter, scheint relativ uninteressiert)*: Mmm.

CHRIS: Mit 18 entscheide ich nämlich alles über mich allein!

MUTTER: Ja, klar.

CHRIS: Und wenn ich nachts jobben will oder woanders übernachten will, dann werde ich dies tun!

MUTTER *(blättert weiter)*: Mmm.

CHRIS *(etwas gereizt)*: Ich werde dann auch alle meine Verträge allein unterschreiben. Ja, das werde ich tun!

MUTTER: Ja.

CHRIS: Eigentlich könnte ich mir auch eine eigene Wohnung mieten.

MUTTER: Mmm.

CHRIS: Dann kannst du mir auch nicht mehr vorwerfen, dass du nur für mich so viel arbeitest!

MUTTER *(nimmt den Stift und schreibt etwas in ihrem Heft)*: Gut.

CHRIS: Hörst du mir überhaupt zu? Was tust du eigentlich die ganze Zeit?

MUTTER *(schlägt ihr Heft zu)*: Ich habe mir ein paar Volkshochschulkurse herausgesucht. Ab Montag arbeite ich nämlich nicht mehr. Du wirst ja volljährig, dann kannst du alle deine Arbeitsverträge selbst unterschreiben, nachts jobben und für uns beide sorgen!

TIPP S. 57

ich, **du**, **er**, **sie**, **es**, **wir**, **ihr**, **sie** sind **Personalpronomen**. In der 3. Person können sie im Text **Stellvertreter** für Substantive/Nomen sein.
mein, **dein**, **sein**, **ihr**, **unser**, **euer** sind **Possessivpronomen**. Sie können als **Begleiter** von Substantiven/Nomen auftreten. Sie geben an, zu wem etwas gehört.

deutsch.kombi plus 7, S. 25

2 Suche die drei Demonstrativpronomen (hinweisenden Fürwörter) im Text auf S. 32. Kreise sie ein. Orientiere dich am TIPP unten.

3 Lies die folgende Geschichte und setze die passenden Personalpronomen in der richtigen Form ein.

Der Großvater und sein Enkel – Weise Geschichte

Es war einmal ein Großvater, der schon sehr, sehr alt war. Seine Beine gehorchten ihm nicht mehr, seine Augen sahen schlecht, seine Ohren hörten nicht mehr viel und Zähne hatte er auch keine mehr.

Wenn er aß, floss ________ die Suppe aus dem Mund. Sein Sohn und die Schwiegertochter ließen ________ deshalb nicht mehr am Tisch mitessen, sondern brachten ________ sein Essen hinter den Ofen, wo er in seiner Ecke saß.

Eines Tages, als man ________ die Suppe in einer Schale hingetragen hatte, ließ er die Schale fallen und sie zerbrach. Die Schwiegertochter machte dem Greis Vorwürfe, dass er ________ im Haus alles beschädige und das Geschirr zerschlage, und sagte, dass sie ________ von jetzt an das Essen in einem Holzschüsselchen geben werde. Der Greis seufzte nur und sagte nichts.

Als der Mann und die Frau einige Tage später zu Hause beisammen saßen, sahen sie, dass ihr kleiner Sohn auf dem Fußboden mit kleinen Brettern spielte und etwas zimmerte.

Der Vater fragte ________: „Was soll das denn werden, Mischa?“

Und Mischa antwortete: „Das soll ein Holzschüsselchen werden, Väterchen. Daraus werde ich ________ und der Mutter zu essen geben, wenn ________ alt geworden seid.“

Der Mann und die Frau sahen sich an und weinten. ________ wurde plötzlich bewusst, wie sehr sie den Greis gekränkt hatten, und sie schämten sich. Fortan ließen sie ________ wieder am Tisch sitzen und waren freundlich zu ________.

4 Stell dir vor, es ginge hier nicht um einen Großvater, sondern um eine sehr alte Großmutter. Schreibe die Geschichte entsprechend um. Schreibe in dein Heft. Beachte, dass sich auch die meisten Possessivpronomen verändern, z. B.: *Es war einmal eine Großmutter, die schon sehr, sehr alt war. Ihre Beine gehorchten ihr nicht mehr, ihre Augen sahen schlecht, ihre Ohren hörten nicht mehr viel und Zähne hatte sie auch keine mehr.*

TIPP «» S. 57

diese, **dieser**, **dieses**, **jene**, **jener**, **jenes**, **der**, **die**, **das** (betont) und **solche**, **solcher**, **solches** sind **Demonstrativpronomen**. Sie weisen auf eine Person, einen Gegenstand oder einen Sachverhalt hin und heben sie oder ihn dadurch hervor.

Wie Robinson leben

1 Ergänze in den Lücken Adjektive. Du kannst dazu die Adjektive aus den Kästchen verwenden.

abenteuerlich | drückend | dunkel | einsam | endlos | erfrischend | ernst | flach | ~~fremd~~ | freundlich | friedlich | fröhlich | gefährlich | gemütlich | glücklich | groß | gut | klein | köstlich | kühl | rätselhaft | ruhig | sauber | seltsam | sonnig | steil | stürmisch | tiefschwarz | traumhaft | tobend | treu | unheimlich | wild

Der dritte Tag auf der Insel: Alles ist so *fremd* und bedrohlich. Wo ich auch hinschaue, überall sehe ich ______________ Strand und ______________ Felsen. In den ______________ Nächten höre ich ______________ Tierstimmen und ______________ Geräusche. Auch tagsüber erscheint mir vieles ______________. Bei ______________ Winden habe ich ______________ Angst vor dem ______________ Meer. Nur in meiner ______________ Höhle fühle ich mich sicher und geborgen.

Jahre später: Hier ist der schönste Platz auf Erden! Alles ist so ______________ und ______________. Nie wieder möchte ich den ______________ Wald, den ______________ Strand und das ______________ Meer verlassen: Bei ______________ Hitze faulenze ich mit meinem ______________ Freund Freitag. Wir essen ______________ Trauben und trinken ______________ Ananassaft. Ich bin so ______________ hier!

2 Lies nun den Text nochmals. Vergleiche die Wirkung der Adjektive im ersten und im zweiten Abschnitt.

TIPP »» S. 57

Adjektive bezeichnen, **wie** etwas ist oder welche Merkmale man einer Person oder einer Sache zuschreibt.

deutsch.kombi plus 7

Lösungen zum Arbeitsheft Rechtschreibung und Grammatik

Seite 4

Aufgabe 1:

… Fuß-gän-ger o-ben zu, mei-ne Freun-din ist ins Was-ser ge-sprun-gen! Hof-fent-lich lebt sie noch! Ho-len Sie ei-nen Ret-tungs-wa-gen! Der Mann auf der Brü-cke ruft mit dem Te-le-fon in Win-des-ei-le Po-li-zei und Not-arzt.

Aufgaben 2 + 3:

Freundin, Feld, Bergbach, erneut, Trennung, denke, träume, steigt, droht, konnte, Gleichgewicht, stürzte, verpasst, schrecklich, sprang, augenblicklich, zerrte, geschafft, lebt

Seite 5

Aufgabe 4:

Urlaub – Urlaube; Mord – Morde, morden; Geld – Gelder; gedroht – drohte; Tatsache – Taten; Glaubwürdigkeit – glauben, würdigen; bestätigt – bestätigen; Unschuld – unschuldig

Aufgabe 5:

Henkelkorb, Grabstein, Hupsignal, Pumpstation, Schraubglas, Alphorn

Feindschaft, Blindschleiche, Streithammel, wertlos, weltfremd

Merkblatt, Schrankfach, Talgdrüse, Starkstrom, Zwerghuhn, Burgruine

Aufgabe 6:

Rat – raten, Rad – Räder, Hubraum – Hübe, Hupkonzert – hupen

Seite 6

Aufgabe 1:

freundliche, bettlägerigen, gierigen, rechtzeitige, mutige, plötzliche, Minderjährige, kürzlich, gewaltiges, ähnliche, glücklichem, gütlich, schrecklichen, letztendlich

Aufgabe 2:

ein häufiger Fehler, ein herzliches Willkommen, eine schwierige Aufgabe, ein modisches Kleid, ein verlässlicher Freund, eine fertige Arbeit, ein wesentliches Merkmal, ein ordentliches Zimmer, die einheimischen Rohstoffe, ein ruhiger Nachbar, ein unverzeihlicher Irrtum, ein großzügiges Angebot, eine ölige Masse

Aufgabe 3:

häufig, herzlich, schwierig, modisch, verlässlich, fertig, wesentlich, ordentlich, einheimisch, ruhig, unverzeihlich, großzügig, ölig

Seite 7

Aufgabe 4:

1. mit einer witzigen Bemerkung, 2. von einer gefährlichen Schlange, 3. mit freundlichen Grüßen, 4. mit kräftigen Stößen, 5. in einer städtischen Atmosphäre, 6. in einer ländlichen Umgebung, 7. bei stürmischem Wetter, 8. an einem nebligen Tag

Aufgabe 5:

1. japanische Autos, 2. belgische Schokolade, 3. holländischer Käse, 4. französisches Parfüm, 5. italienische Schuhe, 6. polnische Gänse, 7. indischer Tee, 8. chilenische Trauben

Aufgabe 6:

1. der spanische Tenor, 2. eine schwedische Universitätsstadt, 3. ungarische Salami, 4. die englische Königin

Aufgabe 7:

die westliche Politik, das südöstliche Klima, eine nordwestliche Strömung, die nördliche Halbkugel, die östliche Kultur

Seite 8

Aufgabe 1:

kommt der Pfarrer; macht er Knarrer; zieht am Glockenstrang; fängt es gleich zu bimmeln an; erschrickt sich arg; entflieht zum Hegel-Park; setzt sie sich in den Dreck; denkt sie

Aufgabe 2:

hat sich herausgestellt; ein Mensch malt; legt er stolz; und sagt; steckt viel Arbeit drin

Aufgabe 3:

du heißt – du beißt; du flitzt – du sitzt; du vergisst – du vermisst; du setzt – du hetzt

Seite 9

Aufgabe 4:

1. Welcher Hahn kräht nicht? – Der Wasserhahn. 2. Welches Auge erblickt nichts? – Das Pfauenauge, das Hühnerauge oder das Fettauge. 3. Welcher Bogen lässt sich nicht spannen? – Der Regenbogen. 4. Welche Birne wächst nicht

am Baum? – Die Glühbirne. 5. Welches Glöckchen klingelt nicht? – Das Schneeglöckchen oder das Maiglöckchen. 6. Welche Mutter bekommt keine Kinder? – Die Schraubenmutter. 7. Welcher Wurf gräbt sich durch die Erde? – Der Maulwurf.

Aufgabe 5:
Du siehst ihn nur bei Sonnenschein; er wächst bei Sonnenuntergang. – Lösung: Der Schatten.
schafft täglich; rutscht aber in der Nacht zurück. – Lösung: Am sechsten Tag erreicht sie den Brunnenrand.

Seite 10

Aufgabe 1:
Den Begriff „Nürnberger Trichter" kennt wohl jede und jeder Lernende(r). Man verbindet damit die Idee von einem Trichter, den man auf den Kopf setzt. Mit seiner Hilfe könnte man dann mühelos alles Wissen hineinbefördern, sodass sich das Lernen sozusagen ohne Anstrengung vollzieht. Leider ist das Lernen aber nicht so einfach. Davon könnt ihr bestimmt auch ein Lied singen.

Aufgabe 2:
1. zur Schule – zu der Schule; 2. vorm Eingang – vor dem Eingang; 3. unterm Buch – unter dem Buch; 4. am Tisch – an dem Tisch; im Bioraum – in dem Bioraum; 6. hinterm Fenster – hinter dem Fenster; 7. zum Nachbarn – zu dem Nachbarn; 8. vom Lehrer – von dem Lehrer

Seite 11

Aufgabe 3:
Das Erlernen der Sprache
Im Alter von drei Monaten beginnen die meisten Kinder zu lallen. Lange Zeit ging man davon aus, dass kleine Kinder das Sprechen ausschließlich durch Nachahmung erlernen. Heute weiß man, dass das Spracherlernen ein sehr kreativer Prozess ist. Die Kleinen plappern nicht einfach nur nach, was sie gehört haben. Bereits die Zweijährigen kombinieren viele Wörter frei. Von großer Bedeutung ist das Wiedererkennen und Gebrauchen regelmäßiger Sprachmuster. Dabei hängt die Fähigkeit des Sprechens natürlich auch von der Entwicklung des Kehlkopfes, der Sprechmuskulatur und des Gehirns ab.

Aufgabe 4:

Nomensignale			
Artikel, Pronomen oder Numerale als Begleiter	**Nachsilbe -heit, -keit, -nis, -schaft, -tum oder -ung**	**Präposition vor dem Wort**	**Adjektiv vor dem Wort, das sich verändert**
das Erlernen, die Sprache, drei Monate, das Sprechen, das Spracherlernen, die Kleinen, die Zweijährigen, viele Wörter, das Wiedererkennen, das Gebrauchen, die Fähigkeit, des Sprechens, des Kehlkopfes, der Sprechmuskulatur, des Gehirns	Nachahmung, Bedeutung, Fähigkeit, Entwicklung	im Alter, durch Nachahmung	die meisten Kinder, lange Zeit, kleine Kinder, kreativer Prozess, viele Wörter, von großer Bedeutung, regelmäßige Sprachmuster

Seite 12

Aufgabe 1:
☒ Alle Schüler sitzen anständig …
☒ Jedes Kind legt …
☒ Die Füße …
☒ Sämtliche Kinder …
☒ Das Sprechen, Plaudern …
☒ Beim Antworten …
☒ Die Bücher werden …
☒ Beim Austeilen …

Aufgabe 2:
Substantive/Nomen: Schüler, Rücken, Reihen, Kind, Hände, Schultafel, Füße, Boden, Kinder, Lehrer, Auge, Zeigefinger, Hand, Kind, Lehrer, Auge, Sätze(n), Bücher, Kommando, Zeiten, Kinder, Buch, Buch, Tafel, Schultafel, Blick, Lehrer, Bücher(n), Ordnung, Lehrer, Bücher, Bankobersten, Bankoberste, Buch, Nachbarn, Schüler, Buch, Nachbarn
Verben, die als Substantive/Nomen gebraucht werden: Sprechen, Plaudern, Lachen, Flüstern, Hin- und Herrücken, Lesen, Umhergaffen, Melden, Antworten, Austeilen,

Aufgabe 3:
2. Beim Niesen sollte man sich die Hand vor Mund und Nase halten. 3. Das richtige Atmen ist eine Bedingung für flüssiges Reden. 4. Das regelmäßige Treiben von Sport ist förderlich für die Gesundheit. 5. Beim Aufblasen von sehr vielen Luftballons kann einem schwindelig werden. 6. Das Rennen um die Wette kann Spaß machen.

Seite 13

Aufgabe 4:
zum Abgucken (Verb als Substantiv/Nomen gebraucht, daher großgeschrieben)

Aufgabe 5:
kalt – im Kalten, gut – alles Gute, lustig – viel Lustiges, schön – das Schöne, alt – beim Alten, grün – ins Grüne, neu – aufs Neue, interessant – wenig Interessantes, langweilig – nichts Langweiliges, sinnvoll – etwas Sinnvolles

Aufgabe 6:
1. Die Blonde dort ist Melina. 2. Das blonde Mädchen ist Melina. 3. Ali ist in unserer Klasse der Beste. 4. Ali kann Mathe am besten. 5. Er übermittelte die neuesten Informationen. 6. Er übermittelte das Neueste vom Tage. 7. Wir begrüßten die Reisenden aus Frankreich. 8. Die reisenden Gäste aus Spanien wurden herzlich begrüßt. 9. Sie war eindeutig die klügere Schülerin. 10. Der Klügere gibt nach.

Aufgabe 7: (Beispiellösung)
nichts Schlechtes, etwas Nützliche, alles Wichtige, nichts Großes, viel Interessantes, etwas Sinnvolles, viel Langweiliges, alles Schöne, wenig Hässliches, genug Neues, etwas Altes, nichts Gemeines, wenig Kluges, viel Kleines

Aufgabe 8:
Etwas sehr Interessantes!
Eine neue Studie beweist, dass Schülern das Lernen leichter fällt, wenn sich ein Hund in der Klasse befindet. Bundesweit unternahmen 20 Schulen das Experiment mit den Vierbeinern bei den Lernenden. Bereits nach kurzer Zeit war etwas sehr Beeindruckendes festzustellen: bessere Konzentration!

Seite 14

Aufgabe 1:
früh am Morgen – heute Nachmittag; schon heute Mittag – heute Vormittag – morgen; am Montag? – morgen; übermorgen; montags – Dienstagnachmittag? – dienstagnachmittags; mittwochs; nächsten Mittwoch; am Donnerstag; donnerstags ab Mittag – donnerstags; am Freitag; am

Abend; tagsüber – am Freitag; am Vormittag; am Nachmittag; am Abend – bis Freitag

Seite 15
Aufgabe 2:

Substantive/ Nomen	Adverbien	Wortgruppen aus Adverb + Substantiv/Nomen
jeden Donnerstagnachmittag, zum Mittag, am Dienstag, jeden Sonntagmorgen, in der Frühe	sonntags, übermorgen, sonntagnachmittags, vorgestern, nachts, heute	heute Morgen, am Freitagmorgen, früh am Morgen, morgen Abend, gestern Nacht, gestern Mittag, vorgestern Abend, gestern Vormittag

Aufgabe 3:
1. morgen Nachmittag – 2. jeden Morgen – 3. heute Morgen – 4. morgen früh – 5. morgen schon früh am Morgen
Aufgabe 4:
Sven hat seine Freundin Linda schon vorgestern Mittag für heute Nachmittag ins Kino eingeladen. Dort treffen sie sich oft samstags. Weil Linda heute nach dem Kino noch zu ihrer Tante zu einer Feier geht, kommt sie erst spät am Abend oder sogar nachts nach Hause.

Seite 16
Aufgabe 1:
waagerecht: 4 VITAMIN, 8 BIOLOGIE, 9 MATHEMATIK, 13 PHYSIK, 14 LITERATUR, 15 KLIMA, 16 THEATER, 17 ORTHOGRAPHIE, 18 CHEMIE, 19 ADDITION, 20 RHYTHMUS
senkrecht: 2 SUBJEKT, 3 THEMA, 4 VERB, 5 APOTHEKE, 6 MULTIPLIKATION, 7 ADJEKTIV, 10 TRAUMA, 11 GYMNASTIK, 12 DIVISION

Seite 17
Aufgabe 2:
1. Magie, 4. Allergie, 5. Regie, 6. Chemie, 7. Hierarchie, 8. Industrie, 9. Epidemie
Lösungswort: MONARCHIE
Aufgabe 3:
1. Optiker, 2. Musiker, 3. Elektriker, 4. Chemiker
Aufgabe 4:
1. Thermometer, 2. Thermoskanne, 3. Thermalbad, 4. Therapie
Aufgabe 5:
demonstrieren, finanzieren, garantieren, illustrieren, informieren, komponieren, marschieren, musizieren, reparieren

Seite 18
Aufgabe 1:
waagerecht: Multiplikation, Komplikation, Komposition, Substraktion, Situation, Portion, Dekoration, Organisation, Kreation, Deklination, Aktion, Station, Funktion, Rezitation
senkrecht: Illustration, Kaution, Information, Konjugation, Konversation
Aufgabe 2:
2. Phlegma, 3. Pharao, 4. Alphabet, 5. Morphium
Aufgabe 3:
2. Vulkan, Lava, 3. Souvenir, 4. Visum, 5. Volumen

Seite 19
Aufgabe 4:
englischer Ursprung:
das Bowling, der Bungalow, das Hobby, der Job, das Jogging, der Shop, das Skateboard, das Training
französischer Ursprung:
die Balance, die Garage, der Journalist, die Medaille, das Niveau, die Passage, der Passagier, die Tour, der Tourist, der Waggon (engl. Ursprung, aber franz. Aussprache)
Aufgabe 5:
c wie k gesprochen:
Camembert, Couch, Café, Comic, Computer, Cowboy, Clown
c wie z gesprochen:
Celsius, Ceylon, CD, Center (Besonderheit: wie s gesprochen), Cervelatwurst, Cent
Aufgabe 6:
2. Chroniken, 3. Christentum, 4. Charakter, 5. Champignons, 6. Champion, 8. Chat, 9. Checkliste

Seite 20
Aufgabe 1:
Vogt, Vögel, Vater, verkaufte, Vieh, Vetter, vier, voller, Veilchen, brav, vor, viel
Aufgabe 2:
2. von, 3. vor, 4. Vogel, 5. vier, 6. frei
Aufgabe 3: (Beispiellösung)
ver: verlieren, vergessen, vergeben, versuchen, verlassen, verlaufen, verdächtig, verboten, verträumt, Versuch, Verlies, Versteck, Vergabe
vor: vorspielen, vorstellen, vorsagen, vorlesen, vormachen, vormals, vorwärts, vorhanden, Vorlage, Vorhang, Vorgang, Vorletzter, Vorsitzender
Aufgabe 4:
die Vanille – französisch, Kurve – lateinisch, November – lateinisch, Vampir – serbokroatisch, Vase – französisch, Villa – lateinisch, Vitamin – englisch, Vaseline – deutsch und griechisch, Virus – lateinisch, Vene – lateinisch

Seite 21
Aufgabe 5:
der Hai (großer Raubfisch), der Kai (Hafenmauer), der Kaiser (hoher Herrscher), der Mai (Monat), der Mais (essbare Pflanze), die Saite (dünne Schnur aus Pflanzenfasern, Tierdarm, Metall oder Kunststoff), die Waise (Kind, das die Eltern verloren hat)
Aufgabe 6:

aa	ee	oo
der Saal, der Aal, das Paar, das Haar, die Waage, die Saat, der Staat	das Beet, der Tee, die Beere, der Klee, der Kaffee, die Fee, der Schnee, der/die See, das Meer, der Teer, der Speer	das Boot, der Zoo, das Moor, das Moos

Aufgabe 7:
ein <u>Paar</u> Sandalen, ein <u>paar</u> Fragen, das richtige <u>Paar</u> Socken, ein <u>paar</u> Kleinigkeiten, ein <u>paar</u> Worte, ein verliebtes <u>Paar</u>, ein niedliches <u>Pärchen</u> Rennmäuse
Aufgabe 8: (Beispiellösung)
2. Paar: paarweise, paarig, sich paaren, das Ehepaar, ein Pärchen werden, Paarbildung, Paarhufer
3. Staat: staatlich, staatenlos, der Bienenstaat, der Nationalstaat, der Bundesstaat, der Staatenbund

4. Meer: meergrün, meerblau, Meerblick, Meerfahrt, Wattenmeer, Meerjungfrau, Meersalz, meeresbiologisch
5. Tee: Teekanne, Teetasse, Teelicht, Teeblatt, Teebeutel, Kamillentee

Aufgabe 9:
1. in einem Meer von Blumen, 2. mehr Leute als erwartet, 3. Sie lehrte ihn ..., 4. Sie leerte beide Taschen.

Seite 22

Aufgabe 2: (Beispiellösung)
Klinik – (die) Tierklinik, Krise – (die) Wirtschaftskrise, Linie – (der) Linienbus, Medizin – (der) Zahnmediziner, Detektiv – (der) Privatdetektiv, Kino – (der) Kinofilm, Titel – (der) Filmtitel

Aufgabe 3:
Cousine, Kabine, Mandarine, Mandoline, Margarine, Maschine, Praline, Rosine, Ruine, Sardine, Terrine, Violine, Vitrine

Aufgabe 4: (individuell)

Seite 23

Aufgabe 5:

hl	hm	hn	hr
kahl, Kohl, kühl, Mehl, Pfahl, Stahl, Strahl, Wahl, wohl, Zahl	ihm, lahm, Lehm, Rahm, zahm	Bahn, Föhn, Hahn, Huhn, ihn, Kahn, kühn, Lohn, Mohn, Sohn, Zahn, zehn	ihr, Jahr, mehr, Ohr, Rohr, sehr, Uhr, wahr

Aufgabe 6: (Beispiellösung)
fühl: fühlen, Gefühl, Wohlgefühl, Gefühlsmensch, wohlfühlen, mitfühlen, gefühllos, gefühlvoll, Wirgefühl
nehm: nehmen, annehmen, vornehmen, hinnehmen, Wahrnehmung, Annahme, Unternehmen, vornehm, annehmbar, wahrnehmbar

Aufgabe 7:
Zahn – Hahn, Bahn, Kahn; lahm – zahm, Rahm; Sohn – Hohn, Lohn, Mohn; Ohr – Rohr; wohl – Kohl, hohl; Zahl – Strahl, Wahl, kahl, Stahl, Pfahl

Aufgabe 8: (Beispiellösung)
Das Huhn fährt nie ohne Föhn in der Bahn. Der zahme, aber lahme Hahn ist gewöhnt an kühlen Mohn mit Rahm. Um zehn Uhr nehme ich ihn mit zu der sehr wichtigen Wahl des kahlsten Kohlkopfes.

Seite 24

Aufgabe 1:
Flusspferde, massigen, großen, spaßig, lässt, Fluss, besser, Flusspferd, Flusspferde, größten, Wasser, heiß, Nass, große Masse, müssen, verlassen, Wasser, außerhalb, Spaß, dass, Flusspferd, frisst, großen, Füßen

Aufgabe 2:
Gruß, Schluss, Schloss, Floß, Nuss, Kuss, süß, Biss, Strauß, bloß

Aufgabe 3:

genießen	ich genieße	er/sie/es genoss	wir haben genossen
wissen	ich weiß	er/sie/es wusste	wir haben gewusst
essen	ich esse	er/sie/es isst	wir haben gegessen
lassen	ich lasse	er/sie/es lässt	wir haben gelassen

Seite 25

Aufgabe 4:
1. das ein Gewicht, dass ein; 2. Das Flusspferd, Das Schnaufen, das weit; 3. das für, Das Territorium, das favorisiert wird, dass auch, dass sie sich; 4. dass das aufgerissene; 5. wie das Nashorn, das Flusspferd, dass sich Vögel; 6. Das männliche, das im Allgemeinen, das Flusspferd

Aufgabe 5: (Beispiellösung)
1. Ich wusste nicht, dass Flusspferde sehr gesellig sind.
2. Kennst du noch ein Tier, das ca. 40 Jahre alt werden kann?
3. Es ist kaum zu glauben, dass ein rennender Mensch leicht vom Flusspferd überholt wird. 4. Besonders interessant ist, dass das Flusspferd in sehr großen Gruppen lebt.

Seite 26

Aufgabe 1:
Artikel: der, die, das, ein; Substantive/Nomen: Meer, Insel, Wassersport, Hobby; Adjektive: interessant, fern, klein, groß Verben: segeln, schwimmen, haben, wollen; Personalpronomen: sie, ihm, uns, Sie; Possessivpronomen: seine, eure, ihre; Demonstrativpronomen: diese, das, jenes; Fragepronomen: wer, welche, was; Adverbien: heute, immer, dort, genauso; Präpositionen: an, zu, bis; Konjunktionen: und, dass, wenn

Aufgabe 2: (Beispiellösung)
Artikel: eine; Substantive/Nomen: Delfin; Adjektive: nass; Verben: lesen; Personalpronomen: ihr; Possessivpronomen: unsere; Demonstrativpronomen: dieser; Fragepronomen: wo; Adverbien: oft; Präpositionen: in; Konjunktionen: als

Seite 27

Aufgabe 3:
linke Spalte:
Kann man das Wort konjugieren – ja: Verb
Kann das Wort für andere stehen? – ja: Pronomen; nein: Adjektiv
rechte Spalte:
Gehört ein Substantiv/Pronomen dazu? – ja: Präposition
Kann ein Teilsatz dazugehören? – ja: Konjunktion
Kann das Wort an erster Stelle im Satz stehen? – Adverb

Aufgabe 4:
einem – Artikel, vor – Präposition, reiche – Adjektiv, aber – Konjunktion, die – Artikel, in – Präposition, mit – Präposition, und – Konjunktion, goldenen – Adjektiv, fressen – Verb, beschloss – Verb, Stadt – Substantiv/Nomen, an – Präposition, plötzlich – Adverb, Wetter – Substantiv/Nomen, einziger – Adjektiv, der – Demonstrativpronomen, fromm – Adjektiv, ihm – Personalpronomen, allein – (hier:) Konjunktion, da – Adverb, er – Personalpronomen, sein – Possessivpronomen, sogleich – Adverb, alljährlich – Adverb, tanzt – Verb, freudig – (hier:) Adverb

Seite 28

Aufgaben 1 + 2: (Beispiellösung)
Singular

männlich	weiblich	sächlich
der Lehrer, der Staffelstab, der Ball, der Stuhl	die Schülerin, die Sandgrube, die Kugel, die Anzeigentafel	das Ziel, das Sprungseil, das Fahrrad, das Radio

Plural

männlich	weiblich	sächlich
die Lehrer, die Staffelstäbe, die Bälle, die Stühle	die Schülerinnen, die Sandgruben, die Kugeln, die Anzeigentafeln	die Ziele, die Sprungseile, die Fahrräder, die Radios

deutsch.kombi plus 7 Arbeitsheft 978-3-12-313443-2

Seite 29

Aufgabe 3:
(1) nach dem Abpfiff, (2) an jedem Wochenende, (3) das Spiel, (4) Entscheidungen, (5) das Beste, (6) eine Fehlentscheidung, (7) einen Pechtag, (8) mit seinen Entscheidungen, (9) eine Mannschaft, (10) ohne einen Schiri, (11) zwischen beiden Mannschaften, (12) während eines Spiels, (13) eine gelbe Karte, (14) des Schiedsrichters

Aufgabe 4:
(1) Dativ, (2) Dativ, (3) Akkusativ, (4) Akkusativ, (5) Akkusativ, (6) Akkusativ, (7) Akkusativ, (8) Dativ, (9) Nominativ, (10) Akkusativ, (11) Dativ, (12) Genitiv, (13) Akkusativ, (14) Genitiv

Aufgabe 5:
2. die Meinung des Laien, 3. das Leben der Menschen, 4. das Urteil des Nachbarn

Seite 30

Aufgabe 1:
vor einigen Jahren, über … Abziehbilder, aus der Grundschule, nach Hause, In dem Text, vor Abziehbildchen, in den letzten Tagen, auf dem Pausenhof, von Drogendealern, zu Drogenkonsumenten, an den Bildern, auf den Arm, Über diese Information, in die Schule, über die Sticker, stattdessen hatte er, ohne jegliche Nachforschung, in verschiedenen Varianten

Aufgabe 2:

nur Dativ	nur Akkusativ	Dativ oder Akkusativ	nur Genitiv
bei, gegenüber, außer, nach, aus, mit, seit, zu, von	gegen, um, wider, für, bis, ohne, durch	hinter, neben, unter, zwischen, vor, in, an, auf, über	außerhalb, abseits, statt, während, trotz

Seite 31

Aufgabe 3:
Wohin? – Akkusativ:
hinter das Tor, an das Ufer, auf den Arm, auf den Stuhl, vor den Baum
Wo? – Dativ:
hinter dem Tor, an dem Ufer, auf dem Arm, auf dem Stuhl,vor dem Baum

Aufgabe 4:
während der Fahrt, von dem Beifahrersitz, an einem Haus, vor einigen Jahren, bei einem Unfall, an eben dieser Stelle

Aufgabe 5:
In einem Lebensmittelladen, an der Kasse, mit dem Einkaufswagen, in die Hacken, bei der Mutter, in/aus der Schlange, über dem Kopf, mit den Worten

Seite 32

Aufgabe 1:
Personalpronomen: sie, ich, mir, dir, ich, mir, ich, mich, ich, ich, ich, ich, du, mir, du, mich, du, mir, du, ich, mir, ich, du, du
Possessivpronomen: ihr, meine, deine

Seite 33

Aufgabe 2:
diese, dies, das

Aufgabe 3:
floss ihm, ließen ihn, brachten ihm, als man ihm, dass er ihnen, dass sie ihm, fragte ihn, werde ich dir, wenn ihr, ihnen wurde, ließen sie ihn, freundlich zu ihm

Aufgabe 4:
Der Großvater und sein Enkel – Weise Geschichte
Wenn sie aß, floss ihr die Suppe … . Ihr Sohn und die Schwiegertochter ließen sie deshalb …, sondern brachten ihr ihr Essen hinter den Ofen, wo sie in seiner Ecke saß. Eines Tages, als man ihr die Suppe …, ließ sie die Schale fallen und sie zerbrach. Die Schwiegertochter machte der Greisin Vorwürfe, dass sie ihnen im Haus alles beschädige …, und sagte, dass sie ihr von jetzt an … . Die Greisin seufzte nur und sagte nichts. … Der Mann und die Frau … . Ihnen wurde plötzlich bewusst, … . Fortan ließen sie sie wieder am Tisch sitzen und waren freundlich zu ihr.

Seite 34

Aufgaben 1 + 2: (Beispiellösung)
1. Abschnitt: bedrohliche, ungemütliche Stimmung:
… überall sehe ich endlosen Strand und tiefschwarze Felsen. In den Nächten höre ich unheimliche Tierstimmen und rätselhafte Geräusche. Auch tagsüber erscheint mir vieles seltsam. Bei stürmischen Winden habe ich große Angst vor dem wilden Meer. Nur in meiner einsamen Höhle …
2. Abschnitt: zufriedene, angenehme Stimmung:
Alles ist so traumhaft und friedlich. Nie wieder möchte ich den freundlichen Wald, den sonnigen Strand und das glasklare Meer verlassen: Bei großer Hitze faulenze ich mit meinem guten Freund Freitag. Wir essen köstliche Trauben und trinken erfrischenden Ananassaft. Ich bin so glücklich hier!

Seite 35

Aufgabe 3:
die gastfreundlichsten Inselbewohner, die höchsten Palmen, das klarste, sauberste Meer, die geheimnisvollsten Vulkane, die längsten Strände mit dem feinsten weißen Sand, die größten und schmackhaftesten Kokosnüsse, die beste Art

Aufgabe 4:
2. die am weitesten bekannte Höhle, 3. der einzige Vulkan, 4. die höchstgelegene Hütte, 5. die bestmögliche Variante, die optimale Lösung

Aufgabe 5:
schöner als, heiß wie, höher als, weiter als, schärfer als, groß wie, tiefer als, lang wie, kleiner als, anders als, teuer wie

Seite 36

Aufgabe 1:
heiße, gehöre, habe gelegt, trägt, geschrieben, waren, eingefangen hatte, fällt, machte, kümmerte sich, empfahl, wählte, geboren wurde, adoptierte, wuchs auf, begegnet, stammt, erwacht, macht, lernt kennen, lieh, flitzte, verzog, tauchte ein, lese, bin angelangt, werde schaffen, habe mir vorgenommen, lesen werde

Aufgaben 2 + 3:

Präsens	Präteritum	Perfekt	Plusquamperfekt	Futur
ich heiße	ich hieß	ich habe geheißen	ich hatte geheißen	ich werde heißen
ich lege	ich legte	ich habe gelegt	ich hatte gelegt	ich werde legen
es trägt	es trug	es hat getragen	es hatte getragen	es wird tragen
ich fange ein	ich fing ein	ich habe eingefangen	ich hatte eingefangen	ich werde einfangen

Präsens	Präteritum	Perfekt	Plusquamperfekt	Futur
sie empfiehlt	sie empfahl	sie hat empfohlen	sie hatte empfohlen	sie wird empfehlen
ich leihe	ich lieh	ich habe geliehen	ich hatte geliehen	ich werde leihen
ich lange an	ich langte an	ich bin angelangt	ich war angelangt	ich werde anlangen
ich schaffe	ich schaffte	ich habe geschafft	ich hatte geschafft	ich werde schaffen
ich lese	ich las	ich habe gelesen	ich hatte gelesen	ich werde lesen

Seite 37

Aufgabe 4:

waagrecht: bog, flog, lief, riet, kam, rief, roch, fand, blieb, fuhr, verlor, gab, floh, bat, tat, umfing

senkrecht: griff, fiel, grub, irrte, lag, fror

Aufgabe 5:

1. hatte die Mutter ... angekündigt; 2. hatte ... Geröll ... getrennt und den Rückweg ... unmöglich gemacht; waren ... geraten; hatten sie ... entdeckt; berührt hatten

Seite 38

Aufgaben 1 + 2:

In vielen armen Ländern sind die Bedingungen für den Unterricht nicht gerade ideal.

Nicht gerade ideal sind die Bedingungen für den Unterricht in vielen armen Ländern.

Die Bedingungen für den Unterricht sind in vielen armen Ländern nicht gerade ideal.

Die Schülerinnen und Schüler lassen sich davon trotzdem nicht vom Lernen abhalten.

Trotzdem lassen sich die Schülerinnen und Schüler davon nicht vom Lernen abhalten.

Vom Lernen lassen sich die Schülerinnen und Schüler davon trotzdem nicht abhalten.

Davon lassen sich die Schülerinnen und Schüler trotzdem nicht vom Lernen abhalten.

(*Subjekt:* grau markiert; *Prädikat:* unterstrichen)

Seite 39

Aufgabe 4:

1. werden getragen, 2. lernen, 3. arbeiten, 4. wurde umfunktioniert, 5. können lernen, 6. gehen fischen, 7. findet statt

Aufgabe 5:

Satz	Subjekt	einteiliges Prädikat	zweiteiliges Prädikat
2	Diese Kinder	lernen	
3	Ihre Eltern	arbeiten	
4	Ein ausrangierter Kutter		wurde umfunktioniert
5	die Kinder		können lernen
6	ihre Eltern		gehen fischen
7	der Sportunterricht		findet statt

Aufgabe 6:

1. lassen sich ... abhalten

Trotz schwierigster Bedingungen lassen sich die Schülerinnen und Schüler in vielen armen Ländern nicht vom fleißigen Lernen abhalten.

Vom fleißigen Lernen lassen sich die Schülerinnen und Schüler in vielen armen Ländern trotz schwieriger Bedingungen nicht abhalten.

In vielen armen Ländern lassen sich die Schülerinnen und Schüler trotz schwieriger Bedingungen nicht vom fleißigen Lernen abhalten.

2. werden ... unterrichtet

Die Kinder werden im Freien oder auf ausrangierten Kuttern unterrichtet, wenn keine intakten Gebäude in ihrem Wohnort zur Verfügung stehen.

Wenn keine intakten Gebäude in ihrem Wohnort zur Verfügung stehen, werden die Kinder im Freien oder auf ausrangierten Kuttern unterrichtet.

Im Freien oder auf ausrangierten Kuttern werden die Kinder unterrichtet, wenn keine intakten Gebäude in ihrem Wohnort zur Verfügung stehen.

3. wurde ... umfunktioniert

Sobald ein Frachtkahn von den Fischern ausrangiert worden war, wurde er zu einer Ganztagsschule für die Kinder umfunktioniert.

Zu einer Ganztagsschule für die Kinder wurde ein Frachtkahn umfunktioniert, sobald er von den Fischern ausrangiert worden war.

Seite 40

Aufgabe 1:

Satz	1. Teil des Prädikats	2. Teil des Prädikats
2	sind	Doppel-Schichtarbeiter
3	sind	auf dem Feld
4	sind	Bauern
5	ist	schwer
6	sind	unentbehrliche Helfer
7	bleibt	geschlossen
8	ist	offen

Seite 41

Aufgabe 2:

(*Substantiv/Nomen mit Artikel:* grau markiert; *Verb:* unterstrichen; *Adjektiv:* gepunktet)

2. Eine Rockband gibt am Abend ein Konzert. 3. Die Musiker gelten als sehr unterhaltsam. 4. Sie nennen sich die grünen Kokosnüsse. 5. Das wird der Höhepunkt der Woche!

Aufgaben 3 + 4:

2. den Unterricht → Wen? Was? → Akkusativobjekt; 3. keiner ausführlichen Erklärung → Wessen? → Genitivobjekt; 4. kein Schulgebäude → Wen? Was? → Akkusativobjekt; 5. Platz → Wen? Was? → Akkusativobjekt; 6. den Kindern → Wem? → Dativobjekt; Bänke → Wen? Was? → Akkusativobjekt; 7. eine Chance → Wen? Was? → Akkusativobjekt; 8. diesen Kindern → Wem? → Dativobjekt

Seite 42

Aufgaben 1 + 2:

3. Wofür sorgen die leuchtend rosafarbenen Schuluniformen? 4. Worauf wollen alle Kinder antworten? 6. Woran hat

sich die Klasse selbst gemacht? 7. Wobei haben die Kinder geholfen?
Aufgabe 3:
2. Worüber diskutieren sie? 3. Worüber erfahren sie viel? 4. Mit wem spricht der Lehrer? 5. Worum bitten sie? 6. Wobei schauen sie zu?

Seite 43
Aufgabe 4:
2. bei ihm, 3. für welches Thema, 4. auf einen Zufall, 5. von der Sache
Aufgabe 5:
2. Zuerst haben wir uns mit Interesse Fotos angeschaut, die unser Lehrer aus dem Urlaub in Afrika mitgebracht hat.
Mit Interesse haben wir uns zuerst Fotos angeschaut, die unser Lehrer aus dem Urlaub in Afrika mitgebracht hat.
3. Zu Beginn des Urlaubs konnte er sich lange Zeit nicht an das Essen gewöhnen.
Lange Zeit konnte er sich zu Beginn des Urlaubs nicht an das Essen gewöhnen.
4. Bis heute leiden die Menschen in vielen Ländern Afrikas unter Hunger und Krieg.
In vielen Ländern Afrikas leiden die Menschen bis heute unter Hunger und Krieg.
Aufgabe 6:
1. Er zeigt uns die Fotos. 2. Wir haben Alina einen Stadtplan geschenkt. 3. Wir haben uns an sie erinnert. 4. Sie hat ihm gestern einen Brief geschrieben. 5. Ich freue mich sehr auf die Ferien in einer Woche. 6. Mit eurer Arbeit habt ihr eure Lehrerin sehr überrascht.

Seite 44
Aufgabe 1:

Adverbialbestimmung			
des Ortes *Wo? Wohin? Woher?*	**der Zeit** *Wann? Wie lange?*	**der Art und Weise** *Wie? Auf welche Weise?*	**des Grundes** *Warum? Weshalb? Aus welchem Grund?*
von den Wänden, draußen, in dem Dorf, innen	vor einiger Zeit, während die Kleinen vor der Schule lernen	besser, mit Ausdauer und Begeisterung, gemeinsam, mit Herz und Seele	weil es drinnen oft gar nicht mehr geht

Aufgabe 2:
morgens → A. der Zeit, jeden Tag → A. der Zeit, dort → A. des Ortes, bevor der Unterricht beginnt → A. der Zeit, um eine Chance ... → A. des Grundes, sehr schwer und für geringen Lohn → A. der Art und Weise, als Näher → A. der Art und Weise, in großen Textilfabriken → A. des Ortes, später → A. der Zeit, besser → A. der Art und Weise

Seite 45
Aufgaben 3 + 4:
Weil Tuberkolose sehr ansteckend ist, müssen ...; dürfen nicht in ihre normale Schule gehen; es kann Monate dauern, bis sie wieder gesund sind; In dieser Zeit wird trotzdem intensiv gelernt
Aufgabe 5: (Beispiellösungen)
1. Die Schule fällt für Monate aus, weil es dort an Schokolade mangelt und auch an Eis.
2. Bis der Schaden behoben ist, soll ich zu Hause ausreichend Schokolade essen.

Seite 46
Aufgabe 1:
2. Gerne benutzt man diesen Augen-Aufsatz. → Damit lassen sich Augentropfen ganz einfach anwenden.
3. Das Spaghetti-Essen ist manchmal gar nicht so einfach. → Mit diesen elektrischen Gabeln gelingt es problemlos.
4. Der Antrieb für diesen Ventilator kostet keinen Strom. → Die Maus braucht nach einer gewissen Zeit eine Arbeitspause.

Seite 47
Aufgabe 2:
2. Gerne benutzt man diesen Augen-Aufsatz, denn damit lassen sich Augentropfen ganz einfach anwenden.
3. Das Spaghetti-Essen ist manchmal gar nicht so einfach, aber mit diesen elektrischen Gabeln gelingt es problemlos.
4. Der Antrieb für diesen Ventilator kostet keinen Strom, jedoch braucht der Hamster nach einer gewissen Zeit eine Arbeitspause.
Aufgabe 3:
Diese fünf Erfindungen entstanden beim Erfinderclub Troisdorf nicht nur auf dem Papier, sondern sie wurden auch in die Praxis umgesetzt, gebaut, vorgeführt und prämiert. Anlässlich des zehnjährigen Bestehens des Clubs hatten die Nachwuchserfinder unlängst zum Sommerfest auf den Schulhof der Realschule an der Heimbachstraße eingeladen, denn in dieser Schule treffen sich die Mitglieder regelmäßig, tüfteln und basteln, probieren und studieren. Zurzeit sind es 13 jugendliche Erfinder, und fast alle von ihnen waren schon mit auf der Erfindermesse iENA in Nürnberg und erhielten Auszeichnungen für ihre Neuerungen. Die jugendlichen Erfinder sind topfit und in jedem Jahr erarbeiten sie mindestens eine überzeugende Erfindung.

Seite 48/49
Aufgaben 1 + 2:
1. Bei der Pizzaschere hat man alles beisammen, sodass das Schneiden und Verteilen der Pizza ganz einfach sind.
2. Dieses Spaghetti-Messgerät hilft sehr, wenn man die richtige Nudelmenge bestimmen will.
3. Es gibt zwischen beiden Katzen keinen Streit mehr, da jedes Tier jetzt seinen eigenen Ruheplatz hat.
4. Diese moderne Badekappe wurde für Babys erfunden, damit die Augen der Kinder vor Shampoo geschützt werden.
Aufgabe 3:
(*Hauptsätze*: unterstrichen; *Nebensätze*: grau markiert)
Die Christoffel-Blindenmission (CBM) hat ihren Bundessonderpreis „Innovationen für Menschen mit Behinderungen" verliehen. Prämiert wurden unter anderem Arbeiten in der Alterskategorie „Schüler experimentieren", an der sich Schüler bis zu 14 Jahren beteiligen.
Den ersten Preis erhielt Freya Braun (13) aus Thüringen. Sie entwickelte eine Lernmethode, damit Kinder mit Rechenschwäche leichter lernen. In Testreihen mit ihrem Bruder zeigte sie, dass sich das Einmaleins leichter einprägen lässt, wenn es mit Rhythmen auf dem Schlagzeug verbunden wird.
Mit ihrem „sprechenden" Würfel, der als Spielspaß vor allem für Menschen mit Sehbehinderungen geeignet ist, haben Sven Mauthe (11) und Reangsey Ouk (12) aus Baden-Württemberg den zweiten Preis gewonnen. Der Jury gefiel dabei besonders, dass das Signal verändert werden kann, sodass

sowohl Menschen mit Behinderung als auch Personen ohne Behinderung Spielspaß haben können.
Ein weiterer zweiter Preis ging an Alexander Gundermann (13) aus Hamburg für seinen magnetischen Textilverschluss, mit dem Menschen mit körperlichen Beeinträchtigungen Hemden oder Hosen einfacher schließen und öffnen können und so beim An- und Ausziehen unabhängiger sind.

Seite 50

Aufgaben 1 + 2:

2. „Jetzt pack mal gefälligst mit an!" – „Warum bist du denn so wütend?", fragte der Sohn.
– „Ich habe keine Lust, alles alleine zu machen", schimpfte der Vater, „während du auf der faulen Haut liegst".
3. „Das geht mir auf die Nerven", sagte die Diskussionsleiterin. „Was du bis jetzt von dir gegeben hast, ist weder Fisch noch Fleisch. Nun tu uns endlich den Gefallen und sage klipp und klar, ob du dafür oder dagegen bist!"
4. „Was wollen wir eigentlich am Sonntag unternehmen?", erkundigte sich die Tochter. – „Wir fahren in die Berge; da schlagen wir zwei Fliegen mit einer Klappe", entgegnete die Mutter. „Wir können uns bewegen und gleichzeitig Fotos für dein Bio-Projekt machen."
5. „Wie kommt es denn, dass Sie das schon wissen?", fragte Herr Schuster. – „Meine Nachbarin hat es mir heute Morgen erzählt", erwiderte Frau Schmidt. – „Na, die muss ja die Flöhe husten hören", sagte Herr Schuster.

Seite 51

Aufgaben 3 + 4:

1. Ach du grüne Neune! – Ausruf, wenn jemand überrascht, erschrocken ist.
Diese Redensart geht wahrscheinlich auf das Kartenspiel zurück, genauer auf den grünen Neuner, auch Gras-Neun genannt, in den deutschen Karten. (...) Der Pik-Neun sagte man nach, dass sie Kummer, Krankheit, Geldverlust und allgemein Unglück bringt.

2. Wie Hund und Katze sein – sich andauernd streiten
Kommen zwei absolut nicht miteinander aus, streiten sich permanent wegen Banalitäten, fallen ständig übereinander her und prügeln sich gelegentlich sogar, so leben sie wie die sprichwörtlichen Erzfeinde Hund und Katze. (...). Was die eine als Bedrohung, Hinterlist und Gefahr ansieht, versteht der andere als Begrüßung, Einladung oder Zustimmung.

3. Einen Vogel haben – nicht ganz bei Sinnen sein, eine fixe Idee haben
Verrückt sein, Abwegiges vorhaben, den Verstand verlieren, Absurdes planen und anderes Hirnrissiges tun – all das regt Leute zu dieser Aussage an. Wie schon beim Ohrwurm, beim Floh im Ohr oder bei der Grille (im Kopf) geht sie auf den alten Volksglauben zurück, „Dachschäden" würden durch Tiere verursacht, die sich im Kopf einnisten.

4. Eine Eselsbrücke bauen – eine Gedächtnisstütze oder Verstehenshilfe erfinden
Esel wissen oft ganz genau, was sie wollen, wohin sie wollen, was sie nicht wollen und wohin sie nicht wollen: (...). Das Bauen dieser Brücke war ein Aufwand, ein Hilfsmittel, eine Erleichterung und Bedingung, um trotz widriger Gegebenheiten zum Ziel zu kommen.

Seite 52

Aufgaben 1–3:

Wenn der Bock zum Gärtner gemacht wird, kann das nichts werden. → Wenn einer die Verantwortung für etwas bekommt, was er gar nicht kann, kann es nicht klappen.
Super, wie du gesagt hast, dass sie die Kurve kratzen soll. → Super, wie du gesagt hast, dass sie verschwinden soll.
Jeder weiß, dass du oft über ungelegte Eier gackerst. → Jeder weiß, dass du oft über Dinge sprichst, die noch gar nicht aktuell sind.
Du brauchst nicht auf die Palme zu gehen, weil der sowieso einen Vogel hat. → Du brauchst dich nicht aufzuregen. Der ist sowieso verrückt.
Es ärgert mich, dass ich finanziell keine großen Sprünge machen kann. → Es ärgert mich, dass ich überhaupt kein Geld habe.
Ich bin nun mal ein kleiner Fisch, sodass ich nicht gegen den Strom schwimmen kann. → Ich bin leider unbedeutend und kann nichts gegen die Mehrheit tun.
Ich möchte gerne mal Mäuschen sein, wenn die beiden das auskäsen. → Ich möchte mal heimlich zuhören, wenn die beiden das ausdiskutieren.

Seite 53

Aufgaben 4 + 5:

jemandem einen Bärendienst erweisen
Die Redensart stammt wahrscheinlich von einer Fabel, die der große Fabelsammler (...) aufschrieb. Ein gutmütiger Bär, der eine Fliege vom Kopf eines befreundeten Einsiedlers vertreiben will, holt aus und erschlägt die Fliege – aber leider auch den Einsiedler. (3)

büffeln, ochsen
„Nur Ochsen büffeln", hat Erich Kästner einmal geschrieben. Allerdings hat das Wort büffeln wahrscheinlich nichts mit dem Tier, sondern mit dem mittelhochdeutschen „buffen" zu tun, das schlagen oder stoßen bedeutet. (...) (2)

Mühsam ernährt sich das Eichhörnchen.
Eichhörnchen müssen im Herbst Vorräte für den Winter anlegen und pro Tag bis zu 100 Fichtenzapfen zerlegen, damit sie ihr Auskommen haben. Da Eichhörnchen also den Großteil ihrer Zeit mit der Nahrungssuche verbringen, besteht diese Wendung zu Recht. (2)

ein Elefantengedächtnis haben
Es könnte eigentlich auch „Mühsam ernährt sich der Elefant" heißen, weil Elefanten bis zu 17 Stunden am Tag fressen müssen, (...). Dabei kommt ihnen ihr tatsächlich phänomenales Gedächtnis zugute, mit dem sie zum Beispiel die Lage von Futterplätzen und Wasserstellen notfalls über Jahrzehnte behalten. Und jüngste Forschungen beweisen, dass kenianische Elefantenkühe über Jahre hinweg (...). (4)

die Katze im Sack kaufen
Wer früher einen Hasen auf dem Markt kaufen wollte, sollte sich – so die Empfehlung – das angebotene Langohr im Sack besser vorher ansehen, weil das zappelnde Etwas theoretisch eben auch die wesentlich billigere und nicht unbedingt essbare Katze sein konnte. (2)

eine Sauklaue haben
Das Wort Klaue (klawa), das im Althochdeutschen zunächst nur Kralle, Pfote, Tatze meinte, konnte seit der Luther-Zeit als saloppe Umschreibung für Hand und auch schlechte Handschrift benutzt werden. (2)

3 Wirb für diesen Ferienort. Ergänze die Superlative.

die *gastfreundlichsten* Inselbewohner (gastfreundlich)

die ______ Palmen (hoch)

das ______ und ______ Meer (klar, sauber)

die ______ Vulkane (geheimnisvoll)

die ______ Strände mit dem ______ weißen Sand (lang, fein)

die ______ und ______ Kokosnüsse (groß, schmackhaft)

die ______ Art, sich zu erholen (gut)

4 Korrigiere die folgenden Formulierungen.

1. die meistbesuchteste Insel → *die am meisten besuchte Insel*
2. die weitestbekannteste Höhle → ______
3. der einzigste Vulkan → ______
4. die höchstgelegenste Hütte → ______
5. die bestmöglichste Variante → ______
6. die optimalste Lösung → ______

5 **Wie** oder **als**? Trage das richtige Wort ein.

schöner ______ irgendwo, genauso heiß ______ in der Wüste, höher ______ der höchste Berg in Deutschland, weiter ______ nach Afrika, schärfer ______ die schärfste Paprika, etwa so groß ______ die Ostsee, nicht tiefer ______ der Bodensee, fast so lang ______ die Donau, viel kleiner ______ Berlin, anders ______ hierzulande, doppelt so teuer ______ die erste Reise

TIPP

»» S. 58

Die meisten Adjektive kann man steigern: gut → besser → am besten.

Lesen ohne Ende

1 Lies und unterstreiche im Text alle Verbformen.

Ich heiße Lisa und gehöre eigentlich nicht zur Gattung der „Leseratten“. Aber seit drei Tagen habe ich ein Buch nicht mehr aus den Händen gelegt. Es trägt den Titel „Fern von Tibet“. Geschrieben hat es Federica de Cesco.

Ausgangspunkt für meinen „Leseanfall“ waren die zwei Wochen absolutes Fernsehverbot, die ich mir für eine verhauene Mathe-Arbeit eingefangen hatte.

Damit mir zu Hause nicht die Decke auf den Kopf fällt, machte ich mich noch am selben Tag auf den Weg in die Bibliothek. Frau Gabriel kümmerte sich sofort um mich und sie empfahl mir die Jugendbücher von Federica de Cesco. Ich wählte mir die Geschichte des Mädchens Alice Hofer aus, das in Tibet geboren wurde. Ein Schweizer Ehepaar adoptierte das Kind als Baby und so wuchs das Mädchen in der Schweiz auf. Als Alice dem jungen Mann Tenzin begegnet, der ebenfalls aus Tibet stammt, erwacht in ihr das Interesse an ihrer fernen und fremden Heimat. Sie macht sich auf die Suche nach ihren Wurzeln und lernt eine faszinierende Kultur kennen. Ich lieh das Buch aus und flitzte nach Hause. Ich verzog mich sofort in mein Zimmer und tauchte in die fremde Welt der Alice Hofer ein. Nun lese ich schon den dritten Tag und bin beim letzten Kapitel angelangt. Sicherlich werde ich das Buch heute noch schaffen. Ich habe mir fest vorgenommen, dass ich weitere Bücher von Federica de Cesco lesen werde.

2 Ordne die markierten Verbformen mit ihrem Personalpronomen in die Tabelle ein.

Präsens	Präteritum	Perfekt	Plusquamperfekt	Futur
ich heiße				
		ich habe gelegt		
es trägt				
			ich hatte …	
	sie …			

«» deutsch.kombi plus 7, S. 74

3 Ergänze in der Tabelle zu jedem eingetragenen Verb die anderen Zeitformen.

4 Suche die versteckten 22 Verbformen im Präteritum. Schreibe sie in dein Heft, z. B.: *bog*.

B	O	G	F	L	O	G	L	I	E	F	R	I	E	T	K	A	M
E	S	R	I	E	F	R	E	R	O	C	H	E	X	F	A	N	D
B	L	I	E	B	F	U	H	R	V	E	R	L	O	R	G	A	B
K	I	F	L	O	H	B	A	T	A	T	I	A	G	O	L	H	E
U	M	F	I	N	G	L	O	E	F	A	M	G	E	R	P	M	O

5 Setze die Verbformen im Plusquamperfekt ein.

1. Gregs Tagebuch 10 – So ein Mist! *(von Jeff Kinney)*

Nachdem Gregs Mutter (beschließen) *beschlossen hatte*, für die ganze Stadt ein elektronikfreies Wochenende zu organisieren, konnte sich Greg nicht vorstellen, wie das funktionieren sollte: zwei Tage ohne Handy, Fernsehen und Computer! Stattdessen ______ die Mutter ein gemeinsames Saubermachen im Park (ankündigen) ______. So ein Mist!, fand Greg und hatte schon bei dem Gedanken daran die Nase voll.

2. Laurin *(von Wolfgang und Heike Hohlbein)*

Bei einem heftigen Erdbeben im alten Bergwerk ______ entgegenkommendes Geröll Laurin und Dietrich vom Rest der Ausflugsgruppe (trennen) ______ und den Rückweg binnen Sekunden unmöglich (machen) ______. Auf der Suche nach einem Ausgang ______ die beiden immer tiefer in das Innere des Bergs (geraten) ______. Alsbald ______ sie merkwürdig leuchtende Steine (entdecken) ______. Und seitdem sie diese (berühren) ______, ging eine seltsame Verwandlung mit Laurin vor sich.

TIPP S. 58

Verben bilden verschiedene Zeitformen: **Plusquamperfekt:** Nachdem ich die Zähne geputzt hatte, … **Präteritum:** ging ich ins Bett. **Perfekt:** Ich bin ins Bett gegangen. **Präsens:** Jetzt liege ich im Bett. **Futur:** Ich werde gleich schlafen.

Schule weltweit

1 Lies die folgenden Sätze. Einige davon sind markiert. Stelle diese Sätze so oft wie möglich um. Achte darauf, dass die Aussagen sinnvoll bleiben.

In vielen armen Ländern sind die Bedingungen für den Unterricht nicht gerade ideal. Kaputte Gebäude und kein Strom sind keine Seltenheit. Die Schülerinnen und Schüler lassen sich davon trotzdem nicht vom Lernen abhalten. Zur Not wird im Freien oder auf dem Krabbenkutter unterrichtet.

2 Umkreise in deinen umgestellten Sätzen die Satzglieder.

3 Markiere in deinen umgestellten Sätzen jeweils das Subjekt rot und das Prädikat blau.

TIPP «» S. 59

Sätze bestehen aus einzelnen Gliedern. Ein **Satzglied** kann aus einem einzelnen Wort oder aus einer Wortgruppe bestehen. Die Satzglieder kann man umstellen, ohne dass sich die Bedeutung des Satzes verändert. Mit der **Umstellprobe** kann man feststellen, wie viele Satzglieder es in einem Satz gibt.

4 Lies die Sätze zu einer Schule in China. Bestimme die Prädikate und unterstreiche sie. Untersuche ihre Bestandteile und erkläre die Unterschiede.

China: 1. Schwimmwesten werden an diesem Ort in der Schule getragen. 2. Diese Kinder lernen auf einem alten Frachtkahn. 3. Ihre Eltern arbeiten als Krabbenfischer auf dem chinesischen Fluss Hongze. 4. Ein ausrangierter Kutter wurde zur Ganztagsschule umfunktioniert. 5. So können die Kinder lernen. 6. Ihre Eltern gehen inzwischen fischen. 7. Sogar der Sportunterricht findet auf Deck statt.

5 Trage alle Subjekte und Prädikate der Sätze 1–7 ein.

Satz	Subjekt	einteiliges Prädikat	zweiteiliges Prädikat
1	*Schwimmwesten*		*werden getragen*
2			
3			
4			
5			
6			
7			

6 Unterstreiche in den folgenden Sätzen beide Teile des Prädikats. Überarbeite die Sätze, indem du sie umstellst. Schreibe in dein Heft.

1. Die Schülerinnen und Schüler **lassen sich** in vielen armen Ländern trotz schwierigster Bedingungen nicht vom fleißigen Lernen **abhalten**.

Trotz schwierigster Bedingungen lassen sich die Schülerinnen …

2. Die Kinder **werden**, wenn keine intakten Gebäude in ihrem Wohnort zur Verfügung stehen, im Freien oder auf ausrangierten Kuttern **unterrichtet**.

Die Kinder werden im Freien … unterichtet, wenn …

3. Ein Frachtkahn **wurde**, sobald er von den Fischern ausrangiert worden war, zu einer Ganztagsschule für die Kinder **umfunktioniert**.

Sobald ein Frachtkahn …, wurde er …

TIPP

»» S. 59

Satzklammer

Vorfeld	linkes Verbfeld	Mittelfeld	rechtes Verbfeld
Die Kinder	werden	auf einem Kahn	unterrichtet.

In Indien und im Sudan

1 Der folgende Text enthält ausschließlich Sätze mit mehrteiligen Prädikaten. Suche sie heraus. Ordne in den Sätzen mit Markierungen beide Teile der Prädikate in die Tabelle ein.

Indien: 1. Auch hier sind die Bedingungen für den Unterricht oft nicht gerade ideal. 2. Die Kinder in diesem indischen Dorf sind eigentlich Doppel-Schichtarbeiter. 3. Tagsüber sind die Kinder auf dem Feld. 4. In diesem Gebiet sind die meisten Menschen Bauern. 5. Die Feldarbeit ist schwer. 6. Die Kinder sind unentbehrliche Helfer. 7. Die Schule bleibt deswegen tagsüber geschlossen. 8. Sie ist erst spätabends und nachts offen.

Satz	1. Teil des Prädikats: gebeugtes Verb	2. Teil des Prädikats (Prädikativ)
1	*sind*	*ideal*
2		
3		
4		
5		
6		
7		
8		

TIPP «» S. 59

Die Hilfsverben **sein** und **werden** sowie die Verben **bezeichnen**, **gelten**, **heißen**, **nennen**, **scheinen** erfordern stets eine Ergänzung, meist ein Substantiv/Nomen oder Adjektiv: Es ist üblich. Sie sind erstaunt. Sie wird Lehrerin. Das gilt als gutes Benehmen. Er heißt Paul.

«» deutsch.kombi plus 7, S. 146/147

2 Unterstreiche in den folgenden Sätzen die Verben und ihre notwendige Ergänzung. Unterstreiche dabei Substantive/Nomen mit ihrem Artikel rot und Adjektive blau.

1. Die Schüler sind heute fröhlich.
2. Eine Rockband gibt am Abend ein Konzert.
3. Die Musiker gelten als sehr unterhaltsam.
4. Sie nennen sich die grünen Kokosnüsse.
5. Das wird der Höhepunkt der Woche!

3 Lies den Text über die Schule in einem Dorf im Südsudan.

Sudan: 1. Stelle dir diese Szene vor: 2. In dem Dorf Mayath Payam im Südsudan führt man den Unterricht draußen durch. 3. Das bedarf keiner ausführlichen Erklärung. 4. Man hat einfach kein Schulgebäude. 5. Die Klasse nimmt unter einem Baum Platz. 6. Die Eltern haben den Kindern Bänke gezimmert. 7. Das afrikanische Land ist sehr arm; viele Erwachsene hatten nie eine Chance auf eine Ausbildung. 8. Umso besser, dass es diesen Kindern möglich ist, in die Schule zu gehen.

4 Bestimme die markierten Objekte mithilfe der Satzgliedfragen. Schreibe so: *1. diese Szene → Wen? Was? → Akkusativobjekt ...*

TIPP S. 59

Das Dativobjekt erfragt man mit **Wem?**.
Das Akkusativobjekt erfragt man mit **Wen oder was?**.
Das Genitivobjekt erfragt man mit **Wessen?**.

In Uganda

1 Lies den Text. Achte auf die unterstrichenen Objekte.

Uganda: 1. Schau dir das Bild an. Es erzählt von einer Dorfschule in dem afrikanischen Land Uganda. 2. Die Klasse sieht fröhlich aus. 3. Auch die leuchtend rosafarbenen Schuluniformen sorgen für gute Laune. 4. Offensichtlich wollen alle Kinder auf die Fragen des Lehrers antworten. 5. Zur Klasse gehören auch Kinder mit Behinderung. 6. Weil es nicht viel Lernmaterial gibt, hat sich die Klasse einfach selbst an die Arbeit gemacht. 7. Die Kinder haben bei der Gestaltung von Plakaten zum Englischlernen geholfen.

2 Lies den TIPP unten. Erfrage dann die unterstrichenen Objekte in Aufgabe 1: *Wovon erzählt das Bild? Wofür ...?*

3 Erfrage die unterstrichenen Objekte in diesen Sätzen.

1. Die Kinder interessieren sich für den Lernstoff. → *Wofür interessieren sie sich?*
2. Sie diskutieren über ein bevorstehendes Fest. → *Worüber* ____________________ ?
3. Sie erfahren viel von anderen Ländern. → ____________________
4. Der Lehrer spricht mit den Eltern. → ____________________
5. Sie bitten um aktuelle Informationen. → ____________________
6. Sie schauen beim Lernen zu. → ____________________

TIPP «» S. 59

Manche Objekte (Präpositionalobjekte genannt) kann man nur erfragen, wenn man sich das Verb im Satz genau anschaut. Einige Verben haben eine feste Präposition, z. B.: gehören **zu**, abhängen **von**, aufhören **mit**, einladen **zu**, diskutieren **über**. Frage so: Für wen oder wofür interessiert sich ...? Zu wem oder wozu gehört ...? Von wem oder wovon hängt ... ab? Über wen oder worüber diskutiert ...?

4 Setze die richtigen Präpositionen ein.

1. Er unterhält sich *mit* ihr *über* die Schule. 2. Sie entschuldigt sich ________ ihm *für* ihr Verhalten. 3. ________ welches Thema hast du dich entschieden? 4. Ich hoffe immer noch ________ einen Zufall. 5. Wir haben erst gestern ________ der Sache erfahren.

5 Erweitere die Sätze durch die Satzglieder in den Klammern. Achte darauf, dass das Mittelfeld (zwischen dem ersten und dem zweiten Prädikatsteil) nicht zu umfangreich wird. Meist gibt es mehrere Möglichkeiten.

1. Wir haben uns mit fremden Ländern beschäftigt. (im Deutschunterricht – heute – intensiv)
→ *Heute haben wir uns im Deutschunterricht intensiv mit fremden Ländern beschäftigt.*
→ *Im Deutschunterricht haben wir uns heute intensiv mit fremden Ländern beschäftigt.*

2. Wir haben uns Fotos angeschaut. (zuerst – mit Interesse – die unser Lehrer aus dem Urlaub aus Afrika mitgebracht hat)

____

____

3. Er konnte sich nicht an das Essen gewöhnen. (zu Beginn des Urlaubs – lange Zeit)

____

____

4. Die Menschen leiden unter Hunger und Krieg. (bis heute – in vielen Ländern Afrikas)

____

____

6 Hier stimmt die Reihenfolge der Satzglieder nicht. Überarbeite die Sätze.

1. Er zeigt die Fotos uns.

____

2. Wir haben geschenkt einen Stadtplan Alina.

____

3. Wir haben an sie uns erinnert.

____

4. Sie hat ihm geschrieben gestern einen Brief.

____

5. Auf die Ferien in einer Woche ich mich sehr freue.

____

6. Ihr habt sehr überrascht mit eurer Arbeit eure Lehrerin.

____

In Äthiopien, Bangladesch und Kasachstan

1 Lies den Text. Erfrage die markierten Adverbialbestimmungen. Schreibe die Fragewörter in die folgende Tabelle. Ordne die Adverbialbestimmungen in die entsprechenden Spalten der Tabelle.

Äthiopien: Das Schulgebäude in dem Ort Kalacha Jibat (1) hat vor einiger Zeit (2) schon besser (3) ausgesehen. Der Putz bröckelt von den Wänden (4), der Lehmboden ist nicht selten sehr staubig. Die Klasse lernt trotzdem mit Ausdauer und Begeisterung (5). Und weil es drinnen oft gar nicht mehr geht (6), wird draußen (7) weitergemacht. In dem Dorf (8) werden Kinder unterschiedlichen Alters gemeinsam (9) unterrichtet. Während die Kleinen vor der Schule lernen (10), machen die Großen innen (11) den Boden sauber. So heruntergekommen das Gebäude auch ist – die Schüler hängen mit Herz und Seele (12) an ihrer Schule.

Adverbialbestimmung			
des Ortes	**der Zeit**	**der Art und Weise**	**des Grundes**
mögliche Fragen: *Wo? Wohin? Woher? (7)*	mögliche Fragen: *Wann? Wie lange? (2)*	mögliche Fragen:	mögliche Fragen:

2 Lies den folgenden Text und ermittle die Adverbialbestimmungen. Schreibe in dein Heft, z. B. *nach vorn → A. des Ortes, dann → A. der Zeit*

Bangladesch: „Tief einatmen, nehmt die Hände nach vorn und macht dann eine Kniebeuge!" In dieser Schule in der Stadt Satkhira gibt es morgens auf dem Innenhof eine Runde Frühsport. Jeden Tag versammeln sich die Kinder dort für den Morgenappell, bevor der Unterricht beginnt. Das Lernen ist für die Kinder wichtig, um eine Chance auf eine gute Zukunft zu haben. Das Land ist arm, viele Menschen arbeiten sehr schwer und für geringen Lohn, zum Beispiel als Näher in großen Textilfabriken. Eine gute Schulbildung gibt den Kindern die Chance, der Armut zu entkommen: Wer lesen und schreiben kann, bekommt später einen besser bezahlten Job.

deutsch.kombi plus 7, S. 148/149

3 Lies den Text und versuche ihn trotz der Lücken zu verstehen. Setze dann die passenden Wörter und Wortgruppen in die Lücken ein.

In dieser Zeit | Weil Tuberkulose sehr ansteckend ist | Monate | intensiv | in ihre normale Schule | bis sie wieder gesund sind

Kasachstan: Diese Kinder sind krank. Sie haben Tuberkulose, eine Krankheit, die durch Bakterien verursacht wird. ______________________, müssen die Kinder im Krankenhaus bleiben, einen Mundschutz tragen und dürfen nicht ______________________ gehen. Es kann ______________ dauern, ______________________. ______________ ______________ wird trotzdem ______________ gelernt: Das Krankenhaus in der Stadt Schmykent hat eine Schule eingerichtet. So verpassen die Kinder nicht so viel – und die langen Krankenhaustage sind auch ein bisschen weniger langweilig.

4 Lies den vervollständigten Text und prüfe, ob er jetzt verständlich und stimmig ist.

5 Vervollständige diese Sätze zu witzigen Aussagen.

1. Die Schule fällt ______________________ aus, weil ______________________ und ______________________.

2. Bis ______________________, soll ich ______________________ Schokolade essen.

TIPP S. 60

Adverbialbestimmungen informieren darüber, **wo**, **wann**, **wie** und **warum** etwas geschieht.

Witzige Erfindungen

1 Verbinde die passenden Hauptsätze. Trage die entsprechende Bildnummer ein.

1

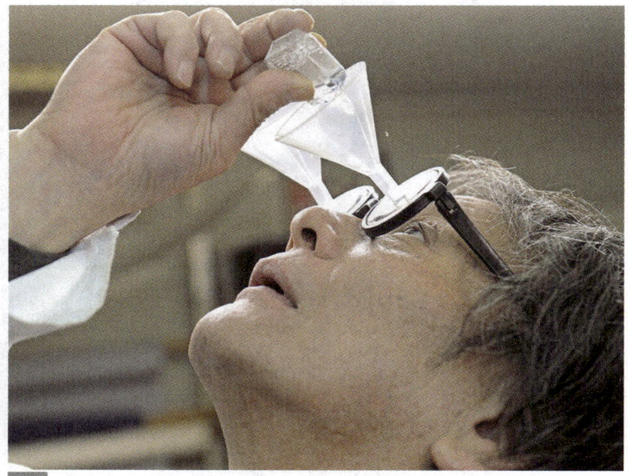

2

3

4

1	Bei Regen ist das Telefonieren im Freien oft ein Problem.	Mit diesen elektrischen Gabeln gelingt es problemlos.
	Gerne benutzt man diesen Augen-Aufsatz.	Mit diesem Schirm hat man beide Hände frei und bleibt trocken.
	Das Spaghetti-Essen ist manchmal gar nicht so einfach.	Die Maus braucht nach einer gewissen Zeit eine Arbeitspause.
	Der Antrieb für diesen Ventilator kostet keinen Strom.	Damit lassen sich Augentropfen ganz einfach anwenden.

2 Schreibe die Sätze als Satzreihen auf. Benutze die richtigen Konjunktionen, z. B. *Bei Regen ist das Telefonieren im Freien oft ein Problem, aber mit diesem Schirm hat man beide Hände frei und bleibt trocken.*

aber | jedoch | denn | ~~aber~~

3 Markiere in diesem Text die Konjunktionen. Setze dann die fehlenden Kommas. In zwei Fällen kannst du entscheiden, ob du ein Komma setzen willst oder nicht.

Ein Gassi-Geh-Set mit in den Wurfball integrierter Leine, ein Schuhanzieher für schwerbehinderte Menschen, ein handlicher Mülltonnenreiniger, eine Einkaufshilfe mit Treppenfunktion für Kleinwüchsige, ein Scheibenwischerschoner, …

Diese fünf Erfindungen entstanden beim Erfinderclub Troisdorf nicht nur auf dem Papier sondern sie wurden auch in die Praxis umgesetzt, gebaut, vorgeführt und prämiert. Anlässlich des zehnjährigen Bestehens des Clubs hatten die Nachwuchserfinder unlängst zum Sommerfest auf den Schulhof der Realschule an der Heimbachstraße eingeladen denn in dieser Schule treffen sich die Mitglieder regelmäßig, tüfteln und basteln, probieren und studieren.

Zurzeit sind es 13 jugendliche Erfinder und fast alle von ihnen waren schon mit auf der Erfindermesse iENA in Nürnberg und erhielten Auszeichnungen für ihre Neuerungen. Die jugendlichen Erfinder sind topfit und in jedem Jahr erarbeiten sie mindestens eine überzeugende Erfindung.

TIPP S. 60

Hauptsätze sind selbstständige Sätze. Verbindungen aus Hauptsätzen nennt man **Satzreihen**. Zwei Hauptsätze können durch eine **Konjunktion** miteinander verbunden werden. Ein **Komma** zwischen zwei Hauptsätzen **kann** bei den Konjunktionen **und, oder, weder … noch** gesetzt werden. Ein **Komma muss** bei den Konjunktionen **denn, aber, sondern, jedoch** gesetzt werden.

... und noch mehr Erfindungen

1 Verbinde die Hauptsätze mit den passenden Nebensätzen. Trage die entsprechende Bildnummer ein.

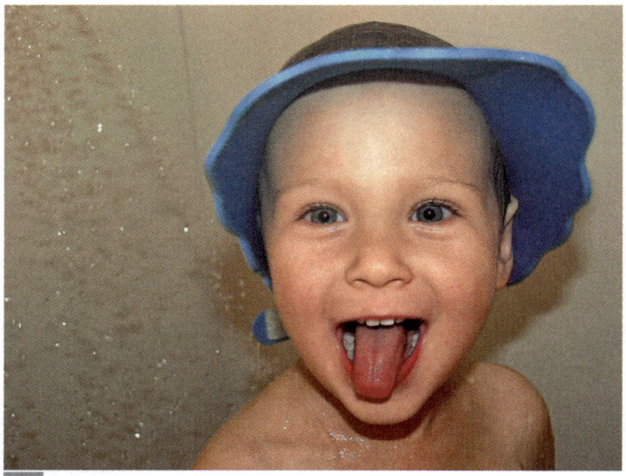
1

2

3

4

	Bei der Pizzaschere hat man alles beisammen	wenn man die richtige Nudelmenge bestimmen will.
	Dieses Spaghetti-Messgerät hilft sehr	damit die Augen der Kinder vor Shampoo geschützt werden.
	Es gibt zwischen beiden Katzen keinen Streit mehr	sodass das Schneiden und Verteilen der Pizza ganz einfach sind.
	Diese moderne Badekappe wurde für Babys erfunden	da jedes Tier jetzt seinen eigenen Ruheplatz hat.

«» deutsch.kombi plus 7, S. 218–220

2 Schreibe die Sätze als Satzgefüge auf. Achte auf die Einleitungen und die Kommasetzung.
z. B.: *Bei der Pizzaschere hat man alles beisammen, sodass das Schneiden und Verteilen der Pizza ganz einfach sind.*

3 Lies den Text. Unterstreiche in den Satzgefügen die Hauptsätze rot und die Nebensätze blau. Setze die fehlenden Kommas. Beachte die Einleitewörter.

Die Christoffel-Blindenmission (CBM) hat ihren Bundessonderpreis „Innovationen für Menschen mit Behinderungen" verliehen. Prämiert wurden unter anderem Arbeiten in der Alterskategorie „Schüler experimentieren", an der sich Schüler bis zu 14 Jahren beteiligen.

Den **ersten Preis** erhielt Freya Braun (13) aus Thüringen. Sie entwickelte eine Lernmethode damit Kinder mit Rechenschwäche leichter lernen. In Testreihen mit ihrem Bruder zeigte sie dass sich das Einmaleins leichter einprägen lässt, wenn es mit Rhythmen auf dem Schlagzeug verbunden wird.

Mit ihrem „sprechenden" Würfel der als Spielspaß vor allem für Menschen mit Sehbehinderungen geeignet ist haben Sven Mauthe (11) und Reangsey Ouk (12) aus Baden-Württemberg den **zweiten Preis** gewonnen. Der Jury gefiel dabei besonders dass das Signal verändert werden kann sodass sowohl Menschen mit Behinderung als auch Personen ohne Behinderung Spielspaß haben können.

Ein weiterer **zweiter Preis** ging an Alexander Gundermann (13) aus Hamburg für seinen magnetischen Textilverschluss, mit dem Menschen mit körperlichen Beeinträchtigungen Hemden oder Hosen einfacher schließen und öffnen können und so beim An- und Ausziehen unabhängiger sind.

«» S. 60

TIPP

Nebensätze können nicht für sich allein stehen. Sie sind von einem Hauptsatz abhängig. Die gebeugte Verbform steht immer am Ende. Verbindungen aus Haupt- und Nebensatz nennt man **Satzgefüge**. Haupt- und Nebensatz werden durch **Kommas** voneinander getrennt. **Konjunktionen** leiten den Nebensatz ein: **als, da, damit, weil, dass, wenn, während, obwohl, nachdem.**

Die Flöhe husten hören

1 Setze die passenden Redensarten in der richtigen Form in die Gespräche ein.

~~abgehen wie eine Rakete~~ | weder Fisch noch Fleisch sein | die Flöhe husten hören | auf der faulen Haut liegen | zwei Fliegen mit einer Klappe schlagen

1. – Haben Sie das Auto gesehen, das den Unfall verursacht hat?, fragte der Polizist.
   – Der Radfahrer antwortete: Gesehen schon, aber die Nummer konnte ich nicht erkennen. Der *ging ab wie eine Rakete,* sodass er schon weg war, als ich den ersten Schreck überwunden hatte.

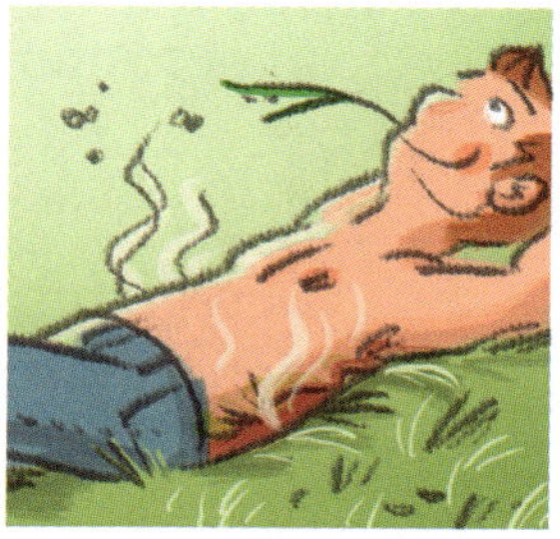

2. – Wütend rief der Vater: Jetzt pack mal gefälligst mit an
   – Warum bist du denn so wütend? fragte der Sohn.
   – Ich habe keine Lust, alles alleine zu machen schimpfte der Vater während du ______
3. – Das geht mir auf die Nerven sagte die Diskussionsleiterin Was du bis jetzt von dir gegeben hast, ______. Nun tu uns endlich den Gefallen und sage klipp und klar, ob du dafür oder dagegen bist
4. – Was wollen wir eigentlich am Sonntag unternehmen erkundigte sich die Tochter
   – Wir fahren in die Berge; da ______ entgegnete die Mutter Wir können uns bewegen und gleichzeitig Fotos für dein Bio-Projekt machen
5. – Wie kommt es denn, dass Sie das schon wissen fragte Herr Schuster.
   – Meine Nachbarin hat es mir heute Morgen erzählt erwiderte Frau Schmidt.
   – Na, die muss ja ______ sagte Herr Schuster

2 Ergänze in allen Gesprächen die Satz- und Redezeichen.

TIPP S.61

In Texten wird die wörtliche Rede mit **Anführungszeichen** gekennzeichnet. Wer etwas sagt und wie es gesagt wird, steht im **Begleitsatz**.

3 Lies die Erklärungen zu folgenden Redensarten. Schreibe dann die passenden Redensarten vor die Texte.

einen Vogel haben	Ach du grüne Neune!
eine Eselsbrücke bauen	wie Hund und Katze sein

1. ______________________ – Ausruf, wenn jemand überrascht, erschrocken ist

Diese Redensart geht wahrscheinlich auf das Kartenspiel zurück genauer auf den grünen Neuner auch Gras-Neun genannt in den deutschen Karten. Der grüne Neuner ist die Übertragung der Pik-Neun von den älteren französischen Spielkarten. Der Pik-Neun sagte man nach, dass sie Kummer Krankheit Geldverlust und allgemein Unglück bringt.

2. ______________________ – sich andauernd streiten

Kommen zwei absolut nicht miteinander aus streiten sich permanent wegen Banalitäten fallen ständig übereinander her und prügeln sich gelegentlich sogar, so leben sie wie die sprichwörtlichen Erzfeinde Hund und Katze. Die Wendung ist uralt und soll sich darauf beziehen, dass die Körpersprache von Hunden und Katzen sich fundamental unterscheidet. Was die eine als Bedrohung Hinterlist und Gefahr ansieht, versteht der andere als Begrüßung Einladung oder Zustimmung.

3. ______________________ – nicht ganz bei Sinnen sein, eine fixe Idee haben

Verrückt sein Abwegiges vorhaben den Verstand verlieren Absurdes planen und anderes Hirnrissiges tun – all das regt Leute zu dieser Aussage an. Wie schon beim Ohrwurm beim Floh im Ohr oder bei der Grille (im Kopf) geht sie auf den alten Volksglauben zurück, „Dachschäden" würden durch Tiere verursacht, die sich im Kopf einnisten.

4. ______________________ – eine Gedächtnisstütze oder Verstehenshilfe erfinden

Esel wissen oft ganz genau, was sie wollen wohin sie wollen was sie nicht wollen und wohin sie nicht wollen: zum Beispiel durch einen Bach gehen. Wollte man sie in früheren Zeiten trotzdem auf die andere Seite bringen, half oft nur eine provisorische Brücke. Das Bauen dieser Brücke war ein Aufwand ein Hilfsmittel eine Erleichterung und Bedingung, um trotz widriger Gegebenheiten zum Ziel zu kommen.

4 Ergänze in den Texten mit einem Rotstift die fehlenden Kommas.

TIPP «» S. 61

Die Wörter oder Wortgruppen einer **Aufzählung** werden durch **Kommas** getrennt. Die **Konjunktionen** (Bindewörter) **und** oder **oder** ersetzen das Komma.

Auf die Palme gehen

1 Unterstreiche auf der linken Seite die versteckten Redensarten.

2 Ordne die Redensarten den entsprechenden Sätzen auf der rechten Seite zu. Verbinde.

Wenn der Bock zum Gärtner gemacht wird kann das nichts werden.

Super, wie du gesagt hast, dass sie die Kurve kratzen soll.

Jeder weiß, dass du oft über ungelegte Eier gackerst.

Du brauchst nicht auf die Palme zu gehen weil der sowieso einen Vogel hat.

Es ärgert mich dass ich finanziell keine großen Sprünge machen kann.

Ich bin nun mal ein kleiner Fisch sodass ich nicht gegen den Strom schwimmen kann.

Ich möchte gerne mal Mäuschen sein wenn die beiden das auskäsen.

Jeder weiß, dass du oft über Dinge sprichst, die noch gar nicht aktuell sind.

Ich bin leider unbedeutend und kann nichts gegen die Mehrheit tun.

Super, wie du gesagt hast, dass sie verschwinden soll.

Ich möchte mal heimlich zuhören, wenn die beiden das ausdiskutieren.

Wenn einer die Verantwortung für etwas bekommt, was er gar nicht kann, kann es nicht klappen.

Es ärgert mich, dass ich überhaupt kein Geld habe.

Du brauchst dich nicht aufzuregen. Der ist sowieso verrückt.

3 Alle sprichwörtlichen Aussagen sind Satzgefüge. Setze die fehlenden Kommas zwischen Haupt- und Nebensatz. Unterstreiche die gebeugte Verbform am Ende des Nebensatzes.

deutsch.kombi plus 7, S. 174/175

4 Lies alle Erklärungen zu den gegebenen Redensarten. Kreuze die Redensarten an, die du kennst und gelegentlich auch verwendest.

jemandem einen Bärendienst erweisen
trotz guter Absicht jemandem durch falsche Hilfe mehr schaden als nutzen
Die Redensart stammt wahrscheinlich von einer Fabel die der große Fabelsammler Jean de la Fontaine (1621–1695) aufschrieb. Ein gutmütiger Bär der eine Fliege vom Kopf eines befreundeten Einsiedlers vertreiben will holt aus und erschlägt die Fliege – aber leider auch den Einsiedler. (3)

büffeln, ochsen
sich beim Lernen schwertun, etwas sehr mühsam lernen
„Nur Ochsen büffeln" hat Erich Kästner einmal geschrieben. Allerdings hat das Wort büffeln wahrscheinlich nichts mit dem Tier, sondern mit dem mittelhochdeutschen „buffen" zu tun das schlagen oder stoßen bedeutet. Das Ochsen wiederum bezieht sich tatsächlich auf die harte Arbeit des Nutztiers. (2)

Mühsam ernährt sich das Eichhörnchen.
etwas geht nur sehr langsam, mühevoll und in kleinen Schritten vonstatten
Eichhörnchen müssen im Herbst Vorräte für den Winter anlegen und pro Tag bis zu 100 Fichtenzapfen zerlegen damit sie ihr Auskommen haben. Da Eichhörnchen also den Großteil ihrer Zeit mit der Nahrungssuche verbringen besteht diese Wendung zu Recht. (2)

ein Elefantengedächtnis haben
ein besonders gutes Erinnerungsvermögen haben
Es könnte eigentlich auch „Mühsam ernährt sich der Elefant" heißen weil Elefanten bis zu 17 Stunden am Tag fressen müssen wenn sie ihren Bedarf decken wollen. Dabei kommt ihnen ihr tatsächlich phänomenales Gedächtnis zugute mit dem sie zum Beispiel die Lage von Futterplätzen und Wasserstellen notfalls über Jahrzehnte behalten. Und jüngste Forschungen beweisen dass kenianische Elefantenkühe über Jahre hinweg die „Stimmen" von etwa 100 Tieren aus einem Dutzend Familien auseinanderhalten können. (4)

die Katze im Sack kaufen
etwas Minderwertiges unbesehen und in falscher Annahme kaufen
Wer früher einen Hasen auf dem Markt kaufen wollte sollte sich – so die Empfehlung – das angebotene Langohr im Sack besser vorher ansehen weil das zappelnde Etwas theoretisch eben auch die wesentlich billigere und nicht unbedingt essbare Katze sein konnte. (2)

eine Sauklaue haben
eine ausgesprochen unleserliche Handschrift haben
Das Wort Klaue (klawa) das im Althochdeutschen zunächst nur Kralle, Pfote, Tatze meinte konnte seit der Luther-Zeit als saloppe Umschreibung für Hand und auch schlechte Handschrift benutzt werden. Das „Sau" davor hat wiederum nur eine verstärkende Bedeutung. (2)

5 Setze alle fehlenden Kommas in den Erklärungen zu den Redensarten. Die Zahlen in Klammern geben die Anzahl der fehlenden Kommas an.

Rechtschreibung

Kapitel 1

«» S. 5

Die Wörter **eigentlich**, **hoffentlich** und **wesentlich** werden mit **t** geschrieben.

«» S. 6

Durch **Verlängerung** des Wortes kannst du oft feststellen, ob das Adjektiv auf **-ig**, **-isch** oder **-lich** endet.

«» S. 7

Adjektive, die von **geografischen Eigennamen** abgeleitet sind, enden meist auf **-isch.** Adjektive, die von den **Himmelsrichtungen** abgeleitet sind, enden auf **-lich**: → südlich, östlich, nördlich, westlich.

«» S. 9

Wenn der Stamm eines Verbs auf **s**, **ß**, **ss**, **tz**, **z** oder **x** endet, wird die 2. Person Singular Präsens nur mit **-t** gebildet: → du liest, heißt, vergisst, sitzt, tanzt, mixt.

Kapitel 2

«» S. 10

Signale für die **Großschreibung** eines Wortes (Nomensignale) sind **Artikel** (z. B. der, die, das, dessen, ein), **Possessivpronomen** (z. B. mein, ihr, unser), **andere Pronomen** (z. B. dieser, jeder, kein), **Numerale** (z. B. zwei, drei) und **Präpositionen** vor dem Wort (→ ohne Mühe, mit Gefühl).

«» S. 11

Weitere **Signale für die Großschreibung:**

- Endet das Wort auf **-heit**, **-keit**, **-nis**, **-schaft**, **-tum** oder **-ung**?
- Lässt sich direkt vor das Wort ein **Adjektiv** setzen, welches sich dabei verändert (→ ein schöner Baum, ein langes Leben)?

«» S. 12

Verben und **Adjektive** können im Satz **als Substantive/Nomen gebraucht** werden (z. B. das Lachen, ins Blaue). Dann schreibt man sie groß. Häufig stehen davor Wörter wie **alles**, **wenig**, **nichts**, **etwas**, **viel**: → alles Gute, wenig Neues.

Kapitel 3

«» S. 14/15

- Viele **Zeitangaben** sind **Substantive/Nomen** und werden großgeschrieben – vor allem **Wochentage** und **Tageszeiten**. Man erkennt sie an ihren Begleitern: → der Morgen, am Dienstag, jeden Samstagabend.
- Zeitangaben zu **Tageszeiten** schreibt man nach den **Adverbien vorgestern**, **gestern**, **heute**, **morgen**, **übermorgen** groß: → gestern Abend, morgen Vormittag.

Kapitel 5

«» S. 22

Der lang gesprochene i-Laut wird in der Regel als **ie** wiedergegeben. Es gibt aber auch ein paar Ausnahmen, z. B.: → Tiger, Biber, Mine, Bibel.
In Fremdwörtern wird der lang gesprochene i-Laut meist nur durch **i** wiedergegeben.

«» S. 23

Wörter mit unhörbarem **h** musst du dir gut einprägen. Dieses **h** kommt nur vor **l**, **m**, **n** und **r** vor. Es steht nach lang gesprochenem **a**, **e**, **i**, **o**, **u**, **ä**, **ö**, **ü**: → Mehl, Rahm, Lohn, Jahr, wählen, Röhre, Mühle.

Kapitel 6

«» S. 24

Als **ss** schreibt man den stimmlosen s-Laut nach einem **kurz gesprochenen Vokal**:
→ der Pass.
Als **ß** schreibt man ihn nach einem **lang gesprochenen Vokal:** → der Spaß oder nach **au**, **ei**, **ai**, **äu** und **eu**: → draußen, heißen.

«» S. 25

Das Wort **das** tritt als Artikel oder Pronomen auf. Es kann durch andere Wörter ersetzt werden, z. B. durch **dieses**, **jenes**, **welches**. → **Das** (Jenes) Auto, **das** (welches) auf der Straße steht, gehört meiner Lehrerin.
Die Konjunktion **dass** kann **nicht** ersetzt werden. → Er behauptet, **dass** es sein Auto sei.

Grammatik

Kapitel 8

«» S. 28

Deklination der Substantive/Nomen: Meist zeigt der Artikel Geschlecht und Fall an. Das Substantiv/Nomen selbst hat nur wenige Endungen.

	Singular			**Plural**		
	männlich	**weiblich**	**sächlich**	**männlich**	**weiblich**	**sächlich**
Nominativ: Wer? Was?	der Mann	die Frau	das Kind	die Männer	die Frauen	die Kinder
Genitiv: Wessen?	des Man-nes	der Frau	des Kin-des	der Männer	der Frauen	der Kinder
Dativ: Wem?	dem Mann	der Frau	dem Kind	den Män-nern	den Frauen	den Kin-dern
Akkusativ: Wen? Was?	den Mann	die Frau	das Kind	die Männer	die Frauen	die Kinder

Ausnahme: Dativ Plural der Fremdwörter auf -s: die Fotos, Kinos, Hobbys → den Fotos, Kinos, Hobbys

«» S. 29

Einige Substantive/Nomen enden in allen Fällen (Kasus) außer dem Nominativ Singular auf **-n** oder **-en**, → z. B. Bär, Bote, Bauer, Erbe, Fotograf, Fürst, Graf, Hase, Held, Herr, Junge, Kunde, Mensch, Nachbar, Planet, Polizist, Präsident, Zeuge.
Beachte aber: → des Herzens, des Buchstabens.

Kapitel 9

«» S. 31

Wörter wie **an**, **auf**, **über** sind **Präpositionen** (Verhältniswörter).
Sie verlangen einen bestimmten Fall (Kasus):
Auf die Frage **Wo?** folgt diesen Wörtern der **Dativ**.
Auf die Frage **Wohin?** folgt diesen Wörtern der **Akkusativ**.

Präpositionen

Gruppe 1: nur Dativ	**Gruppe 2: nur Akkusativ**	**Gruppe 3: Dativ oder Akkusativ**	**Gruppe 4: nur Genitiv**
aus, bei, gegenüber, mit, nach, seit, außer, zu, von	bis, durch, für, gegen, ohne, um, wider	an, auf, hinter, in, neben, über, unter, vor, zwischen	außerhalb, abseits, statt, trotz, während, wegen

Kapitel 10

«» S. 32

ich, **du**, **er**, **sie**, **es**, **wir**, **ihr**, **sie** sind **Personalpronomen**. In der 3. Person können sie im Text **Stellvertreter** für Substantive/Nomen sein.

Personalpronomen

	Singular					**Plural**		
	1. Person	**2. Person**	**3. Person**			**1. Person**	**2. Person**	**3. Person**
Wer?	ich	du	er	sie	es	wir	ihr	sie
Wen?	mich	dich	ihn	sie	es	uns	euch	sie
Wem?	mir	dir	ihm	ihr	ihm	uns	euch	ihnen

mein, **dein**, **sein**, **ihr**, **unser**, **euer** sind **Possessivpronomen**. Sie können als Begleiter von Substantiven/Nomen auftreten. Possessivpronomen geben an, zu wem etwas gehört.

«» S. 33

diese, **dieser**, **dieses**, **jene**, **jener**, **jenes**, **der**, **die**, **das** (betont) und **solche**, **solcher**, **solches** sind **Demonstrativpronomen**. Sie weisen auf eine Person, einen Gegenstand oder einen Sachverhalt hin und heben sie oder ihn dadurch hervor.
Die Artikel **der**, **die**, **das** können auch als Demonstrativpronomen verwendet werden. Sie werden dann im Satz besonders betont: → Nicht wir, **die** haben den Ball!

Kapitel 11

«» S. 34

Adjektive bezeichnen, **wie** etwas ist oder welche Merkmale man einer Person oder einer Sache zuschreibt. Sie werden dekliniert.

	Singular			**Plural**
	männlich	**weiblich**	**sächlich**	
Wer? Was?	der große Mann	die große Frau	das große Kind	die große**n** Leute
Wessen?	des große**n** Mannes	der große**n** Frau	des große**n** Kindes	der große**n** Leute
Wem?	dem große**n** Mann	der große**n** Frau	dem große**n** Kind	den große**n** Leuten
Wen? Was?	den große**n** Mann	die große Frau	das große Kind	die große**n** Leute

«» S. 35

Die meisten Adjektive kann man steigern.

Grundstufe (Positiv)	**1. Vergleichsstufe/ Steigerungsstufe (Komparativ)**	**2. Vergleichsstufe/ Steigerungsstufe Höchststufe (Superlativ)**
glücklich	glücklicher	am glücklichsten

Die Steigerungsformen werden beim **Vergleichen** verwendet.
Die Grundstufe verwendet man in Verbindung mit **wie**: → Er ist so geschickt **wie** die anderen. Den Komparativ verwendet man in Verbindung mit **als**: → Er ist geschickter **als** die anderen.

Kapitel 12

«» S. 37

Verben

- sind Tätigkeitswörter. Sie geben an, was jemand **tut** (→ er schreibt), was **geschieht** (→ es regnet), in welchem **Zustand** jemand oder etwas ist (→ sie bleibt).
- haben einen **Infinitiv**/eine Grundform (→ laufen, lesen).
- haben **konjugierte**/gebeugte **Verbformen (Personalform)**, die sich danach richten, wer oder was etwas tut (→ du rennst, es läuft, wir lesen).
- bilden verschiedene **Zeitformen**, wie **Präsens** (Gegenwart), **Präteritum** (einfache Vergangenheit) und **Perfekt** (vollendete Vergangenheit), **Plusquamperfekt** (Vorvergangenheit) und **Futur** (Zukunft).

Person	**Präsens**	**Präteritum**	**Perfekt**	**Plusquam-perfekt**	**Futur**
1. Person Singular	ich gehe	ich ging	ich bin gegangen	ich war gegangen	ich werde gehen
2. Person Singular	du gehst	du gingst	du bist gegangen	du warst gegangen	du wirst gehen
3. Person Singular	er/sie/es geht	er/sie/es ging	er/sie/es ist gegangen	er/sie/es war gegangen	er/sie/es wird gehen
1. Person Plural	wir gehen	wir gingen	wir sind gegangen	wir waren gegangen	wir werden gehen
2. Person Plural	ihr geht	ihr gingt	ihr seid gegangen	ihr wart gegangen	ihr werdet gehen
3. Person Plural	sie gehen	sie gingen	sie sind gegangen	sie waren gegangen	sie werden gehen

Kapitel 13

«» S. 38

Sätze bestehen aus einzelnen Gliedern. Ein **Satzglied** kann aus einem einzelnen Wort oder aus einer Wortgruppe bestehen. Die Satzglieder kann man umstellen, ohne dass sich die Bedeutung des Satzes verändert.
Mit der **Umstellprobe** kann man feststellen, wie viele Satzglieder es in einem Satz gibt.

«» S. 39

	Satzklammer		
Vorfeld	**linkes Verbfeld**	**Mittelfeld**	**rechtes Verbfeld**
Die Kinder	werden	auf einem Kahn	unterrichtet.

«» S. 40

Die Hilfsverben **sein** und **werden** sowie die Verben **bezeichnen**, **gelten**, **heißen**, **nennen**, **scheinen** erfordern stets eine Ergänzung, meist ein Substantiv/Nomen oder Adjektiv:
Es ist üblich. Sie sind erstaunt. Sie wird Lehrerin. Das gilt als gutes Benehmen.
Er heißt Paul. Diese Ergänzung heißt Prädikatsnomen.

«» S. 41

Das Dativobjekt erfragt man mit **Wem?**.
Das Akkusativobjekt erfragt man mit **Wen oder was?**.
Das Genitivobjekt erfragt man mit **Wessen?**.
Genitivobjekte treten im heutigen Deutsch sehr selten auf, weil nur wenige Verben eine Ergänzung im Genitiv verlangen, z. B. → sich annehmen, bedürfen, gedenken, berauben, beschuldigen, anklagen, überführen.

«» S. 42

Manche Objekte (Präpositionalobjekte genannt) kann man nur erfragen, wenn man sich das Verb im Satz genau anschaut. Einige Verben haben eine feste Präposition, z. B.: gehören **zu**, abhängen **von**, aufhören **mit**, einladen **zu**, diskutieren **über**. Frage so: Für wen (Person) oder wofür (Sache) interessiert sich …? Zu wem (Person) oder wozu (Sache) gehört …? Von wem (Person) oder wovon (Sache) hängt … ab? Über wen (Person) oder worüber (Sache) diskutiert …?

«» S. 45

Adverbialbestimmungen informieren darüber, **wo**, **wann**, **wie** und **warum** etwas geschieht. Man unterscheidet:

- Adverbialbestimmung **der Zeit** – Frage: Wann? Seit wann? Wie oft? Wie lange?
  → Er geht jeden Mittwoch zum Training.
- Adverbialbestimmung **des Ortes** – Frage: Wo? Wohin? Woher?
  → Sie fährt mit dem Fahrrad zum Kino.
- Adverbialbestimmung **der Art und Weise** – Frage: Wie? Auf welche Weise?
  → Sie schreibt das Wort mit großen Buchstaben.
- Adverbialbestimmung **des Grundes** – Frage: Warum? Weshalb? Aus welchem Grund?
  → Deshalb kann man es gut lesen.

Kapitel 14

«» S. 47

Hauptsätze sind selbstständige Sätze. Verbindungen aus Hauptsätzen nennt man **Satzreihen**. Zwei Hauptsätze können durch eine **Konjunktion** miteinander verbunden werden. Ein **Komma** zwischen zwei Hauptsätzen **kann** bei den Konjunktionen **und**, **oder**, **weder … noch** gesetzt werden. Ein **Komma muss** bei den Konjunktionen **denn**, **aber**, **sondern**, **jedoch** gesetzt werden.

«» S. 49

Nebensätze können nicht für sich allein stehen. Sie sind von einem Hauptsatz abhängig. Die gebeugte Verbform steht immer am Ende. Verbindungen aus Haupt- und Nebensatz nennt man **Satzgefüge**. Haupt- und Nebensatz werden durch **Kommas** voneinander getrennt.

HS NS
●●●●●, ■■■■■.

■■■■■, ●●●●●.

●●●, ■■■■■, ●●●.

Konjunktionen leiten den Nebensatz ein: **als**, **da**, **damit**, **weil**, **dass**, **wenn**, **während**, **obwohl**, **nachdem**.
Auch **Relativpronomen (den, deren, die, …)** und **Fragepronomen (welche, was, wo, …)** können den Nebensatz einleiten.

Kapitel 15

«» **S. 50–53**

Redensarten und Sprichwörter

Redensarten (auch Redewendungen) sind feststehende Formulierungen, die meist etwas **bildhaft** ausdrücken. → Schwein haben → Jemand hat Schwein gehabt. → Jemand hat Glück gehabt.

Sprichwörter bestehen aus vollständigen Sätzen und geben **Weisheiten** wieder. → Was du heute kannst besorgen, das verschiebe nicht auf morgen.

«» **S. 50**

In Texten wird die wörtliche Rede mit **Anführungszeichen** gekennzeichnet.
Wer etwas sagt und wie es gesagt wird, steht im **Begleitsatz**.
Der Begleitsatz kann vor, nach oder zwischen der wörtlichen Rede stehen.

1. Begleitsatz **vor** der direkten/wörtlichen Rede:

   ________: „~~~~~.“   ________: „~~~~~?“   ________: „~~~~~!“

   Begleitsatz   wörtliche Rede

2. Begleitsatz **nach** der direkten/wörtlichen Rede:

   „~~~~~“, ________.   „~~~~~?“, ________.   „~~~~~!“, ________.

3. Begleitsatz **zwischen** der direkten/wörtlichen Rede:

   „~~~~~“, ________, „~~~~~.“

«» **S. 51**

Die Wörter oder Wortgruppen einer **Aufzählung** werden durch **Kommas** getrennt.
Die **Konjunktionen** (Bindewörter) **und** oder **oder** ersetzen das Komma.

Grundform	Präsens	Präteritum	Perfekt
befehlen	du befiehlst	ich befahl	ich habe befohlen
beißen	du beißt	ich biss	ich habe gebissen
biegen	du biegst	ich bog	ich habe gebogen
binden	du bindest	ich band	ich habe gebunden
bitten	du bittest	ich bat	ich habe gebeten
blasen	du bläst	ich blies	ich habe geblasen
bleiben	du bleibst	ich blieb	ich bin geblieben
brechen	du brichst	ich brach	ich habe gebrochen
brennen	du brennst	ich brannte	ich habe gebrannt
bringen	du bringst	ich brachte	ich habe gebracht
denken	du denkst	ich dachte	ich habe gedacht
dürfen	du darfst	ich durfte	ich habe gedurft
empfehlen	du empfiehlst	ich empfahl	ich habe empfohlen
essen	du isst	ich aß	ich habe gegessen
fahren	du fährst	ich fuhr	ich bin gefahren
fallen	du fällst	ich fiel	ich bin gefallen
fangen	du fängst	ich fing	ich habe gefangen
finden	du findest	ich fand	ich habe gefunden
fliegen	du fliegst	ich flog	ich bin geflogen
fliehen	du fliehst	ich floh	ich bin geflohen
fließen	es fließt	es floss	es ist geflossen
fressen	es frisst	es fraß	es hat gefressen
frieren	du frierst	ich fror	ich habe gefroren
geben	du gibst	ich gab	ich habe gegeben
gehen	du gehst	ich ging	ich bin gegangen
geschehen	es geschieht	es geschah	es ist geschehen
gewinnen	du gewinnst	ich gewann	ich habe gewonnen
gießen	du gießt	ich goss	ich habe gegossen
graben	du gräbst	ich grub	ich habe gegraben
greifen	du greifst	ich griff	ich habe gegriffen
haben	du hast	ich hatte	ich habe gehabt
halten	du hältst	ich hielt	ich habe gehalten
hauen	du haust	ich haute	ich habe gehauen
heißen	du heißt	ich hieß	ich habe geheißen
helfen	du hilfst	ich half	ich habe geholfen
kennen	du kennst	ich kannte	ich habe gekannt
klingen	es klingt	es klang	es hat geklungen
kommen	du kommst	ich kam	ich bin gekommen
können	du kannst	ich konnte	ich habe gekonnt
kriechen	du kriechst	ich kroch	ich bin gekrochen
lassen	du lässt	ich ließ	ich habe gelassen
laufen	du läufst	ich lief	ich bin gelaufen
lesen	du liest	ich las	ich habe gelesen
liegen	du liegst	ich lag	ich habe gelegen
lügen	du lügst	ich log	ich habe gelogen
messen	du misst	ich maß	ich habe gemessen
mögen	du magst	ich mochte	ich habe gemocht
müssen	du musst	ich musste	ich habe gemusst
nehmen	du nimmst	ich nahm	ich habe genommen

Grundform	Präsens	Präteritum	Perfekt
pfeifen	du pfeifst	ich pfiff	ich habe gepfiffen
raten	du rätst	ich riet	ich habe geraten
reißen	du reißt	ich riss	ich habe gerissen
reiten	du reitest	ich ritt	ich bin geritten
rennen	du rennst	ich rannte	ich bin gerannt
riechen	du riechst	ich roch	ich habe gerochen
rufen	du rufst	ich rief	ich habe gerufen
schieben	du schiebst	ich schob	ich habe geschoben
schießen	du schießt	ich schoss	ich habe geschossen
schlafen	du schläfst	ich schlief	ich habe geschlafen
schlagen	du schlägst	ich schlug	ich habe geschlagen
schleichen	du schleichst	ich schlich	ich bin geschlichen
schließen	du schließt	ich schloss	ich habe geschlossen
schneiden	du schneidest	ich schnitt	ich habe geschnitten
schreiben	du schreibst	ich schrieb	ich habe geschrieben
schreien	du schreist	ich schrie	ich habe geschrien
schweigen	du schweigst	ich schwieg	ich habe geschwiegen
schwimmen	du schwimmst	ich schwamm	ich bin geschwommen
sehen	du siehst	ich sah	ich habe gesehen
sein	du bist	ich war	ich bin gewesen
singen	du singst	ich sang	ich habe gesungen
sinken	du sinkst	ich sank	ich bin gesunken
sitzen	du sitzt	ich saß	ich habe gesessen
sprechen	du sprichst	ich sprach	ich habe gesprochen
springen	du springst	ich sprang	ich bin gesprungen
stechen	du stichst	ich stach	ich habe gestochen
stehen	du stehst	ich stand	ich habe gestanden
stehlen	du stiehlst	ich stahl	ich habe gestohlen
steigen	du steigst	ich stieg	ich bin gestiegen
sterben	er stirbt	er starb	er ist gestorben
stinken	es stinkt	es stank	es hat gestunken
stoßen	du stößt	ich stieß	ich habe gestoßen
streichen	du streichst	ich strich	ich habe gestrichen
streiten	du streitest	ich stritt	ich habe gestritten
tragen	du trägst	ich trug	ich habe getragen
treffen	du triffst	ich traf	ich habe getroffen
trinken	du trinkst	ich trank	ich habe getrunken
tun	du tust	ich tat	ich habe getan
vergessen	du vergisst	ich vergaß	ich habe vergessen
verlieren	du verlierst	ich verlor	ich habe verloren
verzeihen	du verzeihst	ich verzieh	ich habe verziehen
wachsen	du wächst	ich wuchs	ich bin gewachsen
waschen	du wäschst	ich wusch	ich habe gewaschen
werden	du wirst	ich wurde	ich bin geworden
werfen	du wirfst	ich warf	ich habe geworfen
wissen	du weißt	ich wusste	ich habe gewusst
ziehen	du ziehst	ich zog	ich habe gezogen
zwingen	du zwingst	ich zwang	ich habe gezwungen

Verb	Präposition		Beispiel
abhängen	von	+ Dativ	„Gehst du mit zum Baden?“ – „Das hängt von der Witterung ab.“
achten	auf	+ Akkusativ	Wir achten auf eine lesbare Handschrift.
anfangen	mit	+ Dativ	Sie wollen mit der Diskussion anfangen.
ankommen	auf	+ Akkusativ	Es kommt auf jeden Schüler an.
antworten	auf	+ Akkusativ	Antwortet auf jede Frage!
sich ärgern	über	+ Akkusativ	Ich habe mich sehr über ihn geärgert.
aufhören	mit	+ Dativ	Hört endlich mit dem Streiten auf!
aufpassen	auf	+ Akkusativ	Pass auf deine Sachen auf!
sich aufregen	über	+ Akkusativ	Warum regst du dich über ihn auf?
ausgeben	für	+ Akkusativ	Er gibt sein ganzes Geld für Klamotten aus.
sich bedanken	bei für	+ Dativ + Akkusativ	Sie bedankte sich bei ihren Eltern für die Hilfe.
sich bemühen	um	+ Akkusativ	Bemüht euch um eine deutliche Aussprache!
berichten	über	+ Akkusativ	Die Zeitung berichtete über den Vorgang.
sich beschweren	bei über	+ Dativ + Akkusativ	Sie hat sich bei meiner Mutter über mich beschwert.
bestehen	aus	+ Dativ	Die Prüfung besteht aus einem Aufsatz und einem Referat.
sich beteiligen	an	+ Dativ	Alle beteiligen sich an dem Wettkampf.
sich bewerben	um	+ Akkusativ	Sie bewerben sich um einen Praktikumsplatz.
bitten	um	+ Akkusativ	Er bat alle um einen Beitrag.
denken	an	+ Akkusativ	Hast du an mich gedacht?
diskutieren	über	+ Akkusativ	Wir diskutieren oft über die Schule.
einladen	zu	+ Dativ	Ich möchte dich zur Geburtstagsfeier einladen.
sich entscheiden	für	+ Akkusativ	Für welches Thema entscheidet ihr euch?
sich entschließen	zu	+ Dativ	Sie entschlossen sich zu einer Winterwanderung.
sich entschuldigen	bei für	+ Dativ + Akkusativ	Er muss sich bei ihm für sein Verhalten entschuldigen.
erfahren	von	+ Dativ	Warum erfahre ich erst heute von dieser Sache?
sich erholen	von	+ Dativ	Hier kann man sich von den Anstrengungen erholen.
sich erinnern	an	+ Akkusativ	Erinnerst du dich an mich?
erkennen	an	+ Dativ	Die Fans erkennt man an den roten Mützen.
sich erkundigen	nach	+ Dativ	Sie hat sich nach dir erkundigt.
erschrecken	über	+ Akkusativ	Erschrick nicht über meine Haarfarbe!
erzählen	über von	+ Akkusativ + Dativ	Sie erzählen viel über ihren Urlaub. Sie erzählen viel von ihrem Urlaub.
fragen	nach	+ Dativ	Er fragt nie nach den Hausaufgaben.
sich freuen	auf über	+ Akkusativ + Akkusativ	Wir freuen uns auf die Ferien. Ich habe mich sehr über deine Karte gefreut.
gehören	zu	+ Dativ	Welche Länder gehören zur Europäischen Union?
gewöhnen	an	+ Akkusativ	Sie muss sich erst an die Familie gewöhnen.
gratulieren	zu	+ Dativ	Wir gratulieren dir zu deinem Erfolg.
sich handeln	um	+ Akkusativ	Es handelt sich um eine vertrauliche Sache.
handeln	von	+ Dativ	Das Buch handelt von einem kleinen Mädchen.
helfen	bei	+ Dativ	Wer hat dir bei den Hausaufgaben geholfen?
hindern	an	+ Dativ	Die Musik hindert mich an der Arbeit.
hoffen	auf	+ Akkusativ	Ich hoffe auf einen Zufall.
hören	von	+ Dativ	Hast du etwas von ihr gehört?

Verb	Präposition		Beispiel
sich informieren	über	+ Akkusativ	Informiere dich im Internet über das Buch!
sich interessieren	für	+ Akkusativ	Wir interessieren uns für die politischen Fragen.
klagen	über	+ Akkusativ	Sie klagen über das schlechte Essen.
kämpfen	für	+ Akkusativ	Diese Gruppe kämpft für gleiche Rechte.
	um	+ Akkusativ	Sie kämpfen um das Leben des Patienten.
sich kümmern	um	+ Akkusativ	Habt ihr euch auch um die Einladung gekümmert?
lachen	über	+ Akkusativ	Warum lachst du immer über mich?
leiden	an	+ Dativ	Er leidet an einer seltenen Krankheit.
	unter	+ Dativ	Er leidet unter dem Erfolgsdruck.
nachdenken	über	+ Akkusativ	Denkt nicht erst über die Vorteile nach!
protestieren	gegen	+ Akkusativ	Sie protestieren gegen ihre Entlassung.
rechnen	mit	+ Dativ	Ich rechne mit einer Zwei in der Arbeit.
reden	über	+ Akkusativ	Sie redet nicht gerne über diese Sache.
	von	+ Dativ	Er redet die ganze Zeit von seiner Freundin.
sagen	über	+ Akkusativ	Hat sie etwas über mich gesagt?
	zu	+ Dativ	Zu diesem Thema kann ich leider nichts sagen.
schimpfen	über	+ Akkusativ	Schimpf nicht immer über die anderen!
schreiben	an	+ Akkusativ	Sie schreibt eine Mail an ihren Freund.
	über	+ Akkusativ	Hat sie dir über unser Treffen geschrieben?
sein	für	+ Akkusativ	Ich bin für ein Handyverbot in der Schule.
	gegen	+ Akkusativ	Ich bin gegen einheitliche Schulkleidung.
sorgen	für	+ Akkusativ	Wer sorgt jetzt für die Kinder?
sprechen	mit	+ Dativ	Wir sprachen mit dem Autor über sein Buch.
	über	+ Akkusativ	
streiten	mit	+ Dativ	Warum musst du immer mit mir streiten?
	über	+ Akkusativ	Über diese Sache lässt sich streiten.
teilnehmen	an	+ Dativ	Wirst du an der Versammlung teilnehmen?
telefonieren	mit	+ Dativ	Mit wem telefonierst du?
sich treffen	mit	+ Dativ	Sie hat sich mit mir getroffen.
	zu	+ Dativ	Wir treffen uns dort zu einer kleinen Beratung.
sich überzeugen	von	+ Dativ	Überzeuge dich selbst von ihrem Können!
sich unterhalten	mit	+ Dativ	Ich unterhalte mich gerne mit ihm über neue Filme.
	über	+ Akkusativ	
sich verabreden	mit	+ Dativ	Er ist mit seiner Freundin verabredet.
sich verabschieden	von	+ Dativ	Ich muss mich jetzt von Ihnen verabschieden.
vergleichen	mit	+ Dativ	Vergleiche den Hauptsatz mit dem Nebensatz.
sich verlassen	auf	+ Akkusativ	Ich habe mich fest auf deine Hilfe verlassen.
sich verlieben	in	+ Akkusativ	Er verliebte sich sofort in sie.
sich verstehen	mit	+ Dativ	Wie versteht ihr euch mit ihm?
verstehen	von	+ Dativ	Sie versteht viel von der modernen Kunst.
	unter	+ Dativ	Was verstehst du unter diesem Begriff?
sich vorbereiten	auf	+ Akkusativ	Wir haben uns gut auf die Arbeit vorbereitet.
warnen	vor	+ Dativ	Alle haben mich vor den Hunden gewarnt.
warten	auf	+ Akkusativ	Auf wen wartest du?
wissen	von	+ Dativ	Ich habe nichts von dieser Aufgabe gewusst.
sich wundern	über	+ Akkusativ	Ich wundere mich über diesen Termin.
zuschauen, -sehen	bei	+ Dativ	Darf ich Ihnen bei der Arbeit zuschauen (zusehen)?
zweifeln	an	+ Dativ	Ich zweifle an deiner Zuverlässigkeit.

Begriff	Erklärung	Beispiel
Adjektiv, das	Eigenschaftswort; Adjektive kommen häufig zusammen mit einem Artikel und einem Substantiv/Nomen vor, dann werden sie dekliniert.	das *große* Haus Das Haus ist *groß*.
Adverb	Umstandswort, bezeichnet die Umstände eines Geschehens näher	*heute, sehr, dort, allein, ...*
Adverbialbestimmung	Satzglied; Umstandsbestimmung z. B. des Ortes, der Zeit, der Art und Weise oder des Grundes; antwortet auf die Fragen Wo? Wohin? Wann? Wie lange? Wie? Auf welche Art und Weise? Warum?	Er kam *dahin*. (Ort) Sie treffen sich um *9 Uhr*. (Zeit) Es regnete *ununterbrochen*. (Art und Weise)
Akkusativ, der	Kasus (Fall); Wen-Fall, 4. Fall	Er trifft *einen Freund*.
Anredepronomen, das	Anredefürwort	du, ihr, Sie, Ihnen
Artikel, der bestimmte	Begleiter zum Substantiv/Nomen *der, die, das, die*	*der* Tisch, *die* Kommode, *das* Bett
Artikel, der unbestimmte	Begleiter zum Substantiv/Nomen *ein, eine*	*ein* Tisch, *eine* Kommode, *ein* Bett
Aufforderungssatz, der	Einen Aufforderungssatz verwendet man, wenn man jemanden zu etwas auffordert oder um etwas bittet. Nach einem Aufforderungssatz steht oft ein Ausrufezeichen.	*Gib mir bitte das Heft!*
Aussagesatz, der	Einen Aussagesatz verwendet man, wenn man etwas mitteilen möchte.	Rita wohnt in Mannheim. Maries Freundin spielt Basketball.
Dativ, der	Kasus (Fall); Wem-Fall, 3. Fall	Sie hilft *ihrem Großvater*.
Deklination, die	Deklination ist die Veränderung von Wortformen durch Endungen; Artikel, Adjektive, Substantive/Nomen und Pronomen können dekliniert werden	*Der* klein*e* Hund bellt. Ich streichle *den* Kopf *des* groß*en* Hund*es*.
Endbaustein	der Wortteil, der bei zusammengesetzten Wörtern verwendet wird; steht nach dem Wortstamm	-bar, -ig, -isch, -lich, -los, -sam, -en, -eln, -ern, -er, -heit, -keit, -nis, -ung, -tum, -schaft
Fragesatz, der	Einen Fragesatz verwendet man, wenn man etwas wissen möchte.	Kommst du aus Italien? Was möchtest du trinken?
Futur, das	Zeitform des Verbs zum Ausdrücken der Zukunft	ich *werde singen* du *wirst kommen*
Genitiv, der	Kasus (Fall); Wes-Fall, 2. Fall	die Bücher – *der Bücher*
Hauptsatz, der	selbstständiger Satz, kann für sich allein stehen	Das Haus dort drüben ist rot.
Hilfsverb, das	Verb, das auch zur Bildung von Zeitformen gebraucht wird; zur Bildung des Perfekts zum Beispiel braucht man die Hilfsverben *sein* und *haben*	Sie *ist* gegangen. Er *hat* gearbeitet.
Infinitiv, der	Grundform des Verbs; die Form des Verbs, die nicht konjugiert (gebeugt) ist	*schwimmen, lachen, sagen*
Kasus, der	Fall; es gibt im Deutschen vier Kasus: Nominativ, Genitiv, Dativ und Akkusativ	*der* Freund (Nominativ), *des* Freund*es* (Genitiv), *dem* Freund (Dativ), *den* Freund (Akkusativ)
Konjugation, die	Beugung; Verben werden konjugiert, wenn sie mit *ich, du, er/sie/es, wir, ihr, sie* kombiniert werden	ich geh*e*, du spiel*st*, er/sie/es geh*t* wir frag*en*, ihr helf*t*, sie sing*en*
Konjunktion, die	Bindewort, verbindet Satzteile oder Teilsätze	und, oder, aber, sondern, denn, als, bis, weil, wenn, obwohl, dass
Nebensatz, der	unselbstständiger Satz, kann nicht allein stehen	Ich esse gerne die Suppe, *die ich mir gekocht habe*.
Nominativ, der	Kasus (Fall); Wer-Fall, 1. Fall	*Der Mann* geht nach Hause.
Objekt, das	Satzergänzung, Satzglied, z. B. Akkusativobjekt (*Wen* oder *was?*), Dativobjekt (*Wem?*)	Er traf *Paul*. (*Wen* oder *was?*) Sie gibt *ihm* etwas. (*Wem?*)
Perfekt, das	Zeitform des Verbs zum Ausdrücken der Vergangenheit	Sie *hat* das Buch *gelesen*. Max *ist* mit dem Bus *gefahren*.
Personalpronomen, das	Personalpronomen sind: *ich, du, er, sie, es – wir, ihr, sie*. Je nach Kasus verändern Personalpronomen ihre Form, z. B. *mich, dich, ...*	*Er* fragte *mich* nach dem Weg. *Wir* helfen *dir*.

Begriff	Erklärung	Beispiel
Plural, der	Mehrzahl	die *Menschen*, die *Tiere*, die *Häuser*
Plusquamperfekt, das	Zeitform des Verbs zum Ausdrücken der Vergangenheit; vollendete Vergangenheit, Vorvergangenheit	*Nachdem* ich meine Hausaufgabe *gemacht hatte* (Plusquamperfekt), schaltete (Präteritum) ich den Fernseher an.
Possessivpronomen, das	besitzanzeigendes Fürwort sind z. B. *meine, deine, seine, ihre, ...*	*Meine* Uhr ist kaputt. Leihst du mir *deine*?
Prädikat, das	zentraler Teil des Satzes; kann ein- oder mehrteilig sein; antwortet auf die Frage „Was wird ausgesagt?"	Sie *isst* ein Eis. Wir *haben* gestern Spagetti *gegessen.*
Präposition, die	Verhältniswort	für, mit, hinter, neben, zwischen, vor, ...
Präsens, das	Zeitform des Verbs zum Ausdrücken der Gegenwart	Ich *sehe* dich. Du *liest* ein Buch.
Präteritum, das	Zeitform des Verbs zum Ausdrücken der Vergangenheit	Ich *sang* ein Lied. Du *kamst* zum Fest.
Pronomen, das	Fürwort, z. B. Personalpronomen, Possessivpronomen	*ich, du, er, ...* *meine, deine, seine, ...*
Relativpronomen	bezügliches Fürwort; leitet einen Nebensatz ein	*der, die, das; welcher, welche, welches*
Satzgefüge	Verbindung aus Haupt- und Nebensatz (Nebensätzen)	*Er liest das Buch*, das er ausgeliehen hat. *Ich kam zu spät zur Schule*, weil ich verschlafen habe.
Satzglied, das	Teil des Satzes, der innerhalb des Satzes verschiebbar ist (Umstellprobe) und beim Umstellen zusammenbleibt; vergleiche Subjekt, Objekt	
Satzreihe	Verbindung aus Hauptsätzen	*Paul liegt auf der Wiese* und *Lisa schwimmt im See.*
Singular, der	Einzahl	ein/der *Baum*, eine/die *Blume*, ein/das *Haus*
Subjekt, das	Satzglied, das im Nominativ steht	*Der Ball* rollt auf die Straße.
Substantiv, das	**Nomen**, Hauptwort; die meisten Substantive/Nomen werden mit einem Artikel kombiniert	der/ein *Stuhl*, die/eine *Wand*, das/ein *Haus*
Verb, das	Tätigkeitswort, Zeitwort; Verben haben eine Grundform (Infinitiv); die konjugierte Form eines Verbs nennt man Personalform	*rennen, springen* (Infinitiv) du *rennst*, er *springt* (Personalformen)
Verbindungsbaustein, der	**Fugenelement**; Element zwischen zwei zusammengesetzten Substantiven/Nomen: -s-, -es-, -er- oder -n-	Geburtstag, Sternenhimmel
Vorbaustein, der	Wortteil, der bei zusammengesetzten Wörtern verwendet werden kann; steht vor dem Wortstamm	ab-, an-, aus-, be-, ein-, ent-, er-, zer-, ver-, zu-, ...
wörtliche Rede, die	direkte Rede; das, was jemand sagt	Ferhat sagt: *„Ich fahre mit dem Rad zur Schule."*
Wortart	Die wichtigsten Wortarten sind Substantive/Nomen, Verb, Adjektiv, Adverb, Artikel, Pronomen, Präposition und Konjunktion	*Hund, bellen, struppig, heute, der, mein, auf, weil*
Wortfamilie, die	alle Wörter mit demselben Wortstamm/Grundbaustein	Wortfamilie *„schreib"*: *schreiben, Schreibung, Schreibmaschine ...*
Wortfeld, das	alle Wörter mit ähnlicher Bedeutung	sagen, sprechen, rufen, ...
Wortstamm, der	Grundbaustein eines Wortes	*fahr: Vorfahrt, fahren, Fahrbahn*
Wortzusammensetzung, die	Zusammensetzung aus zwei oder mehreren Wörtern bzw. Wortstämmen: Bestimmungswort und Grundwort	Klasse + Fahrt = *Klassenfahrt* weit + Sicht = *Weitsicht*

Textquellen

S. 4/5 Nach einer Idee von Detlef Kersten: Kommissar Kniepels 285. Fall. In: Treff. Das spannende Schülermagazin 4/1998, S. 54; **S. 6** Nach Gert Prokop: Wider die Wölfe. Aus: Gert Prokop: Im Rathaus zu Groß-Schilda. Ein Jahrbuch für Kinder. Hrsg. v. Hilga Cwojdrak und Katrin Pieper. Berlin, Der Kinderbuchverlag 1979, S. 138; **S. 8** Nach Arne Reinfrank: Eine Taube namens Fritz. Aus: Alles Unsinn. Hrsg. von Hein Seydel. Berlin, Eulenspiegel Verlag 1969, S. 53; Eugen Roth: Peinliche Erkenntnis. Aus: Eugen Roth: Ein Mensch ... Heitere Verse. Weimar, Alexander Duncker Verlag 1941, S. 9, 50; **S. 9** Aus: Lass mich raten! 118 bunte Rätsel für Kinder. Berlin, Altberliner Verlag 1983; **S. 11** Aus: Ernst W. Bauer: „Humanbiologie", Cornelsen-Velhagen & Klasing 1987, S. 166; **S. 12** Nach Carl Kehr: Die Praxis der Volksschule. Gotha 9. Aufl. 1880; **S. 13** Gedicht aus Hiltrud Lind: Die Trompetentante. Berlin, Der Kinderbuchverlag 1977, S. 17; **S. 24/25** Nach: Matthias Zimmermann: http://www.natur-lexikon.com/Texte/MZ/001/00046-flusspferd/MZ00046-flusspferd.html (20.04.2017); **S. 27** Vineta. Aus: Adalbert Kuhn / Wilhelm Schwartz: Norddeutsche Sagen, Märchen und Gebräuche. Hildesheim/New York, Olms 1972, S. 28; **S. 30/31** Nach Insa van den Berg: Moderne Mythen: Zu schön, um falsch zu sein. In: Spiegel online v. 25.05.2009, http://www.spiegel.de/einestages/moderne-mythen-zu-schoen-um-falsch-zu-sein-a-948288.html (04.04.2017); **S. 32** Nach Antje Dohrn: Lustige Sketche für Familienfeste. Stuttgart, Weltbild, Copyright der Originalausgabe 2002 by Urania Verlag in der Verlag Kreuz GmbH, S. 84 f.; **S.33** Nach: Lew Tolstoi: Der Großvater und sein Enkel. Aus: Ronald Mayrhofer, http://www.lichtkreis.at/gedankenwelten/weise-geschichten/gro%C3%9Fvater-und-enkel (20.04.2017); **S. 36** Nach: http://aufgabeaufden01092009.blogspot.de/2010/01/buchzusammenfassung-des-buches-fern-von.html(01.11.2016); **S. 37** Nach Klappentext zu Jeff Kinney: Gregs Tagebuch Band 10: So ein Mist!, https://www.luebbe.de/baumhaus/buecher/kinderbuecher/gregs-tagebuch-10-so-ein-mist/id_5103103 (20.04.2017); Nach Klappentext zu Wolfgang und Heike Hohlbein: Laurin. http://www.ueberreuter.de/shop/9783764170585-laurin/ (20.04.2017); **S. 38–45** Nach Dein Spiegel 11/2016. S. 26–28; **S. 47** Nach Antonia Clausen: Jugendliche entwickeln jedes Jahr tolle Erfindungen für den Alltag, v. 11.09.2012. http://www.general-anzeiger-bonn.de/region/sieg-und-rhein/troisdorf/Jugendliche-entwickeln-jedes-Jahr-tolle-Erfindungen-f%C3%BCr-den-Alltag-article855622.html (20.04.2017); **S. 49** Nach CBM zeichnet junge Erfinder aus: Verleihung der Jugend-forscht-Bundessonderpreise, v. 10.07.2015. http://www.promedici-online.info/Pressemitteilungen/CBM-zeichnet-junge-Erfinder-aus-Verleihung-der-Jugend-forscht-Bundessonderpreise/ (20.04.2017); **S. 50** Nach Herbert Görner: Redensarten. Kleine Idiomatik der deutschen Sprache. Leipzig, VEB Bibliografisches Institut 1986; **S. 51** Nach Michael Krumm: Wo liegt der Hund begraben? Stuttgart, PONS 2010;
S. 53 Nach: Michael Krumm: Wo liegt der Hund begraben? Stuttgart, Pons 2010.

Bildquellen
Umschlag Getty Images RF (Bernd Vogel), München; **S. 38** Christoph Püschner / Zeitenspiegel; **S. 40** iStockphoto (Meinzahn), Calgary, Alberta; **S. 41** iStockphoto (MarcPo), Calgary, Alberta; **S. 42** iStockphoto (AnjoKanFotografie), Calgary, Alberta; **S. 44** Frank Schultze / Zeitenspiegel; **S. 45** Christoph Püschner / Zeitenspiegel; **S. 46/1** Getty Images (AFP / Fabrice Coffrini), München; **S. 46/2** Getty Images (AFP / YOSHIKAZU TSUNO), München; **S. 46/3** Getty Images (EasyBuy4u), München; **S. 46/4** Getty Images (DigitalVision / richarddrury), München; **S. 48/1** shutterstock (2265524729), New York, NY; **S. 48/2** shutterstock (Daria Miroshnikova), New York, NY; **S. 48/3** shutterstock (Okssi), New York, NY; **S. 48/4** seasons.agency (Bernhardi, Michael/Jalag), München